EDUCATIONAL REFORM

教育改革

[美] 查尔斯·威廉·艾略特 ◎著
(CHARLES WILLIAM ELIOT)

王晓云◎译

中国旅游出版社

责任编辑：张　璐　高　辰
责任印制：钱　宬
封面设计：宝蕾元

图书在版编目（CIP）数据

教育改革 /（美）查尔斯·威廉·艾略特
（Charles William Eliot）著；王晓云译. -- 北京：
中国旅游出版社, 2024. 12. -- ISBN 978-7-5032-7459
-6

Ⅰ. G511

中国国家版本馆CIP数据核字第2024M2W033号

书　　名：教育改革

作　　者：（美）查尔斯·威廉·艾略特（Charles William Eliot）著；
　　　　　王晓云　译

出版发行：中国旅游出版社
　　　　　（北京静安东里 6 号　邮编：100028 ）
　　　　　https://www.cttp.net.cn　E-mail:cttp@mct.gov.cn
　　　　　营销中心电话：010-57377103，010-57377106
　　　　　读者服务部电话：010-57377107

排　　版：北京宝蕾元科技发展有限责任公司

印　　刷：北京工商事务印刷有限公司

版　　次：2024 年 12 月第 1 版　2024 年 12 月第 1 次印刷

开　　本：720毫米 × 970毫米　　1/16

印　　张：17.25

字　　数：218千

定　　价：58.00 元

ＩＳＢＮ　　978-7-5032-7459-6

译者序

查尔斯·W·艾略特（Charles W. Eliot，1834—1926），哈佛大学第21任校长，曾任美国中等教育十人委员会主席、美国进步教育协会第一任名誉主席，被称为哈佛大学校史上最伟大的人物，美国近代伟大的教育家，美国现代大学的缔造者之一，被罗斯福总统誉为"共和国第一公民"。

艾略特，1834年出生于波士顿，15岁进入哈佛大学求学，毕业后留校任教。1863年，在赴欧洲游历两年后回美任麻省理工学院化学教授。1869年，年仅35岁的艾略特出任哈佛大学校长，任期长达40年之久，是哈佛大学历史上任职期限最长，也是对哈佛大学发展影响最大、贡献最多的校长。他在任职期间，锐意改革、革故鼎新，实现了哈佛大学飞跃式发展，学生由最初的数百名，增加到4000多名，学校基金也翻了十倍。哈佛大学从传统的地方性院校转型为蜚声海内外的现代性著名学府。艾略特的一系列教育改革思想影响了后续美国教育制度的发展，对世界高等教育体系的完善也有着深远的影响。艾略特倡导并实施的教育改革思想和举措主要有：

1. 倡导教育本土化。19世纪后半叶，美国经历了历史性的变革。南北战争后，伴随着奴隶制度的瓦解，美国社会政治、经济、文化出现了巨大变化，随着资本主义经济的扩展、科学的进步、民主自由观念进一步发展，历经了2个多世纪的美国高等教育日趋传统和保守，已经跟不上社会的需求。艾略特系统地比较了美国与欧洲国家在历史、制度、人口、环境等方面的诸多不同，认为"外国的教育体制不能照搬照抄"；美国的学校"与现存的每一所欧洲普及学校之间有着真正的区别。欧洲的阶级学校不适合美国效仿，仅仅因为它们是阶级学校，而我们需要的是一所面向大众的学校。"艾略特提出美国的大学"必须立足本土"，必须是"美国式"的大学。在吸取欧洲国家优秀教育经验的基础上，他提倡根据美国国情，从中小学到大学进行一系列改革，建立适合美国社会的"本土化"教育。在其领导和实践下，美国教育不断变革创新，哈佛大学也成为教育本土化的典范，并为各国高等教育改革所仿效。

2. 施行自由选修制度。此前哈佛大学的教学体系是固定课程、固定进度，有着"顽固"的"统一性"传统。艾略特认为，每个个体都是特殊的，只有"当每个人的特殊技能、天赋或资质都得到最大限度的发展和利用时，社会才会得到最好的服务"。因此，大学生应该根据个人的兴趣爱好和禀赋对课程进行自由选修。"只有年轻人自己才能选择对他最有益的学习课程，因为这也将是他最感兴趣的课程。选择这一事实本身就足以确保他自身意志的配合。"艾略特在哈佛大学制定了选修制度，这是他在哈佛大学推行的最具影响力的改革，这项改革使哈佛大学充满了生机，不仅能让教授们摆脱那些昏昏欲睡的头脑，还能让感兴趣的学生有深入研究的机会，极大推进了学术进步。哈佛大学的课程也从 70 多门扩展到 400 多门，大学的课程变得更广阔、更多样、更深入、更具活力。

3. 推动课程体系的完善。艾略特认为，"建立在化学、物理学、植物学、动物学和地质学基础上的诸般技艺，是我们这个时代文明的主要因素"。他极力主张自然科学与人文科学并重，又将政治经济学、历史学等课程列为哈佛大学的重要课程，取代了此前大量设立的僵化古板、远离现实的古典学科，打破了此类课程长期垄断美国高等教育的局面，动摇了传统学科的中心地位。同时，就多种语言学习的先后顺序，英语及英国文学在美国中小学及大学中的地位，人文教育课程的扩展，宗教类课程的缩减等进行了一系列大刀阔斧的改革；又扩建了法学院和医学院，建立了商业管理学院、文理研究院等新兴专业学院，并推动了哈佛大学各学院的发展。在他的领导下，哈佛大学成为涵盖人文、自然、社会、医学等多个领域，包含多个专业学院，课程体系日臻完备的综合性研究型大学。

4. 强化教师队伍建设。艾略特认为，"大学的教授、讲师和导师是学习和热情的源泉，他们体现了教学的种种可能"；"经验表明，最强大且最专注的教授会为知识宝库贡献成果；或者，即便他们自身创新不多，也会在捍卫、阐释或传播他人的贡献方面有所作为"。教师是推动教育进步的关键性力量，必须建设一支优秀的教师队伍。因此，艾略特主张为教师增加固定津贴，减少重复性工作，设立退休金或年金制度，为教师的原创性研究提供基金支持，制定教师长期任职制度，严格教师试用期制度，健全教师选拔和考核制度，等等。该改革为哈佛大学培养和网罗了一大批优秀教师，并为他们全心投入教学和科研解除了后顾之忧，为哈佛大学转型为现代研究型大学打下坚实的基础。

此外，艾略特倡导并领导了美国中小学学制改革，改组教学科目，淘汰陈旧教材，提倡小班教学，注重中学与大学课程的衔接性；强调母语在教育中的重要地位，力主在中小学及大学加大母语课程的学时数和增加相关课程的开设；强调"大学应该永远、无处不在地爱国"，不断加强对学生的爱国主义教育，增强学生对国家历史的了解；倡导学术自由，赋予教师和学生自由表达观点和自主研究的空间；在高等教育中降低入学年龄，提高入学标准，施行灵活的学分制度，等等。艾略特的改革赋予了哈佛大学全新的面貌，其执掌哈佛大学的40年，被誉为哈佛大学的崛起时期，这段时期哈佛大学的发展远远超过过去200年的成就。艾略特的教育思想和教育实践被誉为现代教育改革的典范，他的成就和贡献得到了广泛的认可和赞誉。

1898 年，艾略特将其在多种场合下有关教育改革的思考和探索的各方面论述集结成此书，全面展现了他的教育思想和教育理念。教育是国之大计，是我国民族伟大复兴的基础工程。"十四五"规划和 2035 年远景目标纲要提出，要建设高质量教育体系。数往知来，博采众长，吸收人类优秀文化成果，推进民族教育事业的发展，是构建我国现代化教育体系的题中应有之义。因此，艾略特的教育思想在今日依然有其现实意义。

│ 前　言 │

　　本书所收录的这些论文是从数量众多的论文中精选出来的，原因在于它们清晰且充分地阐述了过去三十年来我一直努力推动的各项教育改革。它们是按时间顺序排列的，其中大部分是在公开会议上发表的演讲或演说，有些是照着手稿宣读的，还有一些是在最初发表后，通过修订速记报告形成的，从演讲的风格可以很容易辨认出来。

　　除了对形式进行了少量无关紧要的修改而不影响意义外，这些论文没有做任何改动。当出现"十年前"或"在过去的二十年里"这样的表述时，其时间均应从论文形成的日期算起。

　　由于我在各级教育中一直倡导类似的改革原则或措施，所以在这一系列的演讲中必然会有一些学说和论点的重复。事实上，有些重复是不可避免的，因为在本书第一篇（于1869年发表）的演讲中，几乎所有在后期发表的论文中提出的改革都在该文中得到了明确但略有不同的概述。教育改革的进展如此缓慢，发现教育上的改进是如此容易，要将其付诸实践却又是如此艰难。

　　在那篇首次演讲中论及的一个主题，即把大学考试交由非大学教师之手是否合宜，我不再持有当时所表达的观点❶。但总体而言，本书中的论文表达了我目前的主张和信念。

查尔斯·W·艾略特

剑桥

1898 年 4 月 18 日

---

❶ 艾略特此前认为："考试由大学教授和助教主持，他们与考生没有任何关系。如果所有后续的大学考试都能由来自大学外部的称职考官公正地主持，并支付其报酬，那将是一个巨大的进步。"之后，他改变了这一观点。——译者注

目录

contents

哈佛大学校长就职演说

1869 年 10 月 19 日

哈佛大学校长就职演说

　　关于语言、哲学、数学或是科学，哪一学科能为我们提供最佳的心智训练，以及通识教育应该主要以文学为主还是以科学为主，这些无休止的争论对今天的我们没有任何实际的指导意义。这所大学不认为文学和科学之间存在真正的对立，也不接受数学或古典文学、科学或形而上学这样狭隘的选择。我们希望拥有它们，并发挥它们（各自）的最佳作用。敏锐地观察、理智地推理和生动地想象，这些能力与清晰有力的表达一样重要；而且，要发展其中一项能力，并不需要压制和削弱其他能力。一所大学并不特别关注知识的应用，直至通识教育发展为专业教育。诗歌、哲学和科学确实共同增进了人类的物质福祉；但科学的最佳证明并非仅在于其实用性，同样，诗歌的最佳证明也不仅在于其艺术性。在所有思想和行动领域，真理和正义都高于功利。

　　有些人建议美国大学任何学科的教学都需要精简，这简直是一种辛辣的讽刺。在当今我们这个时代，大学机构唯一可以想象的目标是拓宽、深化和振兴美国在各个学科领域的教学。即便是美国最出色的教育机构，要发展到足以承受修剪的程度，也得历经数代人。清教徒先驱者的后裔们仍然要感激先辈们对此前干涸的知识麦田的辛勤耕耘。

　　最近关于教育主要内容的讨论，对于人类智慧的积累几乎没有任何贡献。今天有谁能像路德那样吹响如此激昂的号角，号召人们学习语言呢？

两个世纪以来，对语言学习无益之道的描述，几乎没有在弥尔顿的基础上增加任何有意义的词汇。如果有任何年轻的美国人想要了解如何通过旅行获得益处，这是教育的愚蠢开始，却是极好的后续，他找不到比培根更恰当的建议了。英国和美国在教育方面的实践与最优秀思想家的原则相比，简直落后了几个世纪，一个明显的例子是普遍忽视对英语的系统学习。洛克的话在今天显得多么可悲："如果我们中有人在本国语言方面有超出常人的流利性或纯洁性，那应归功于机遇、天赋或其他任何因素，而绝非教育或老师的任何关怀。"关于各门学科的相对教育价值的讨论已经持续了很长时间，其最好的结果是，只要采用正确的教学方法，在一个健全的体系中，所有学科都有可能在教育计划中占有一席之地。18 岁的男孩上大学时，仅掌握了几十页拉丁文和希腊文，以及数学的基本知识，这并不是因为他们能力有限。许多大学毕业生对科学观察、推理和证明的含义理解能力不足，这不是自然造成的，而是从小学到大学的一种愚蠢的教学体系造成的。年轻人完全有可能获得所有主要思维方法的实际经验。其中，语言中有一种思维方法，数学中有一种思维方法，自然科学和物理学中有一种思维方法，信仰中又有另一种思维方法。在明智的指导下，即使是孩子也能从所有这些源泉中汲取养分。实际需要解决的问题不是教什么，而是如何教。其他劳动领域所取得的革命性成果为教师们提供了启示。新英格兰无法再用镰刀割草，西部也无法再用镰刀收割小麦。当需要养活的人数从少数增加到数百万时，单根钓鱼线就必须被渔网和拖网所取代，人力搬运也必须被蒸汽升降机所取代，而在碎石路上行驶的木轴牛车也必须被平稳运行的货运列车所取代。在教育领域，也有一大群求知若渴的人需要被满足。在通往奥维尔托（Orvieto）的那口大井的螺旋形小路上，成排的驴子艰难地驮着木桶，运来甘甜的井水，这口井在当时是一项令人钦佩的建筑；但现在我们在自己屋内打开水龙头就可以喝上清泉之水。奥维尔托

（Orvieto）的井可能会让一些人想起那些尚未消亡的教育方法。凭借良好的方法，我们可以满怀信心地期望让20岁~25岁的年轻人对人类感兴趣的所有主要学科都具有准确的一般性知识。此外，对于每个人可能选择作为其一生主要职业的那一门学科，也能有详尽透彻的了解。认为这些是不可能的，就是对人类感到绝望。因为除非大多数人能够在一定程度上普遍熟悉多个知识分支，否则就不会存在明智的公众舆论；而在现代世界，公众舆论的明智性是社会进步不可或缺的一个条件。

对于那些名义上已被纳入美国课程体系的学科，在教学方法上所需的改革，不仅适用于大学，也适用于从小学到中学各年级的预科学校。美国大学有义务对美国学校的教学进行补充。学校未能提供的任何基础教育，大学都必须提供。近年来，学校教育的改善使大学能够提高其教学水平，并使其后期的教学方法适应于成年人而非青少年。大学的这种改进反过来对学校也大有裨益，这个作用和反应是持续的。大学不是凭空而建的，而是建立在先辈遗留下的社会和文学基础上的。如果整个结构需要重建，必须从基础开始重建。因此，在我们的高等教育中，突然重建是不可能的。学院最近决定提供各种激励措施，以丰富和扩大预科学校的学习课程。拉丁文和希腊文语法的要求是建立在对形式和一般原则有深入了解的基础上制定的；作为普遍受到认可的古典作家名单将被扩大；必须熟悉自然地理；建议学习基础力学，并奖励那些能大声朗读和对英国作家作品进行批判性分析的学生。与此同时，大学会把它给别人的忠告牢记在心。

这所大学在学习的每一个领域都致力于通过试验和反思来探索最佳的教学方法。它坚信对语言的深入研究至关重要，并主张全面学习各种语言——包括东方语言、希腊语、拉丁语、罗曼语系语言、德语，尤其是母语；这所大学认为，所有的语言都承载着一种制度、一段历史、一种手段方法，以及一个学科门类。在语言教学方面，这一代美国人应当发明或从国外引进比旧式更优越的教学工具；应当设计或从欧洲移植比当前流行的方法更快捷、更全面的教学方法；并应当指导更有智慧的劳动，以便迅速而准确地收获该文化的最佳成果，并为获取其他研究成果腾出时间。

这所大学认识到自然科学和物理科学是教育中不可或缺的分支，长期以来一直秉持这一观点并在行动中加以执行，但它希望科学能以理性的方式进行教学，手中有实物和仪器——不仅是通过书本，也不仅是通过记忆，而是通过眼睛的观察和手指的触摸来获得知识。那些嘲笑学习动名词和无意义诗句的科学家们或许该好好审视一下自身，全球范围内，科学教学的主流方法，总的来说，其智慧程度还不及语言教学的方法。大学希望中小学、学院和专业学校中的科学研究能够发展，并训练那些创造科学并使科学不断发展的思维能力——观察能力、归纳能力、清醒的想象力、真诚且恰当的判断力。即使学生真正掌握了一本优秀的教科书的内容。在基础知识学习阶段也无法通过这种方式获得这样的训练，坐在最令人钦佩的教师面前听课也不行。

如果说有一个学科在其教育方面似乎是固定不变的，已成定论的，那就是数学。然而，在过去的十五年里，这所大学没有哪个系在教学方法和教学设备上像数学系那样进行了如此激烈的实验。如果小学能像数学系一样，在改进乘法教学方法的可能性上有同样大的信心，那就太好了。

历史、思想、道德和政治哲学在任何广泛的教育计划中都应该占据重要地位，这一点是众所周知的，但没有人比那些最擅长教授这些科目的人更清楚当前这些科目的主流教学方法是多么粗糙。这些学科不能仅靠书本教授，而必须由那些思维活跃、知识渊博，并且富有洞察力的教师来生动阐述和举例说明。死记硬背一份日期清单并不是在学习历史。爱默生先生说：历史就是传记。从深层意义上讲，这是正确的。当然，向年轻人传授历史事实的最佳方式是，让他们对那些在历史舞台上大放异彩或代表各个时代人物的生平事迹产生浓厚的兴趣。从这些确立的中心出发，他们的兴趣可以扩展到更广阔的领域。特别是对于年轻人来说，与其将微弱的注意力分散到漫长而乏味的几个世纪中，不如满怀深情地深入历史的重大时刻。

哲学这门学科永远不应该以权威的方式进行教学。它们不是既定的学科，它们充满了有争议的问题、悬而未决的困惑和无底洞的推测。教授的职责不是为学生解决哲学和政治上的争议，甚至不是向他推荐任何一种他认为更好的观点。教授的职责在于阐述观点，而非强加观点；应当让学生了解这些争议的各个方面，了解每个系统的显著特点；应当向学生展示哪些制度或哲学观念虽然已经过时但仍具有影响力，以及现在流行的观念中哪些具有创新性。"教育"这个词本身就是对教条式教学的持续抗议。教育就是教师权威地灌输自己认为真实的东西的这种观点，在修道院或神学院可能合乎逻辑且适当，但在大学和公立学校，从小学到专业学院，都是令人无法容忍的。学术文化的可贵成果是拥有开放的思想，训练出缜密的思考能力，接受哲学研究方法的指导，大致地了解历代积累的思想，并怀有一颗谦卑的心。这正是我们当今的大学为基督和教会服务的方式。

大学入学考试日益增加的分量、范围和彻底程度可能会让一些观察家感到沮丧。每年真正增加的要求几乎察觉不到，但回顾过去十年或二十年，变化是显著的，而且都是朝着一个方向发展。这场考试的尊严和重要性一直在稳步上升，这一上升显示了预科学校的进步。当美国学校的逐步改进使其提升到与德国文理中学同等的水平时，我们或许可以期待看到美国的学院比现在更接近德国的哲学院。实际的入学考试最好与法国大学的第一次考试相比较。这场考试是在法国孩子的学校生涯结束时进行的，是为了获得文学学士学位或理学学士学位。该学位授予那些刚从学校毕业且从未接受过大学教师指导的年轻人。很大一部分获得者从未进入大学。来我们这里参加大学入学考试的年轻人比法国文学学士的平均年龄要大。这场考试不仅测试了考生的能力，还测试了他们所在学校教育的质量，这在他们的一生中是件大事，不过不像在法国，不以任何学位来体现。考试由大学教授和助教主持，他们与考生没有任何关系。如果所有后续的大学考试都能由来自大学外部的称职考官公正地主持，并支付其报酬，那将是一个巨大的进步。当教师评估自己的班级时，实际上并没有对教师进行有效的评估。如果科学、神学、医学和牙科学位的考试由具有尊严和影响力的专业机构任命的独立考试委员会来主持的话，那么这些学位的重要性将会得到大大提升。关于法学学士学位，同样可以这么说，只不过目前这个学位仅凭入学资格获得，而不是通过入学和考试获得。美国允许教学机构负责学位考试的做法，部分是因为在教学机构之外，很少有人既对考试科目了如指掌，又对教学内容足够精通，还能清楚了解学生和教师的合理期望。现在，这个难题是可以得到克服的。然而，这种做法存在的主要原因是，只需在没有过失的情况下完成一定的住校期限，并通过无需严格考核的规定课程学习，就可获得学位，而只有教学机构是唯一能够正当地授予学位的机构。改变大学学位授予的方式，按理应该产生一个与教学队伍不同的考试机构。在过去的一年里，监督委员会已经采取了措施，朝着这个方向努力，并取得了成效。

严格的入学考试在整个大学教学中产生了一个良好的效果：一方面，避免将教学（资源）浪费在无能者身上。像西点军校这样入学标准低而毕业标准高的学校，不得不中途开除大量的学生。因此，许多人遭受了巨大的痛苦，也浪费了大量的公共资源和个人资源。另一方面，也绝不能认为每一个进入哈佛大学的学生都一定能毕业，学生必须通过严格的年度考试，进入哈佛大学的学生中，有四分之一以上无法获得学位。

就在几年前，这所学院的所有毕业生都经历了一个统一的课程学习。

每个人都以相同的比例学习相同的科目，不考虑他们的天赋或偏好。学生个人没有选择科目或老师的权利，这种制度仍然是美国各所大学普遍采用的制度，并得到了强有力的捍卫，它的优点是简单。我们祖父辈的教学方法也是如此——所有孩子都用同一本启蒙教材、同一本教义问答手册、同一根教鞭。总的来说，一门精心挑选的，能满足平均需求的单一通用课程，对大多数美国人来说，即使对于成年人来说，似乎也是非常恰当和自然的事情。

作为一个民族，我们并未将劳动分工的原则应用于智力活动，而且对于高级职业工作的专门培训，我们也只是半信半疑。我们不知不觉地将"一个美国佬可以随心所欲地做任何事情"这种庸俗的想法带入了高级职位，这是荒谬且罪恶的。我们习惯于看到人们从农场或商店一跃进入法庭或讲坛，而且我们还半信半疑地认为普通人可以放心地穿上天才的"七里靴"❶。我们通常要求立法者具备多少知识和经验呢？我们通常认为外交官需要接受何种特殊训练？——尽管在重大紧急情况下，国家知道该怎么办。只是在经历了多年最惨痛的教训之后，我们才开始相信士兵的专业训练在战争中是有价值的。这种对自然倾向的预言以及专注于单一目标的学科价值缺乏信心的表现却对国家构成了危险。

在教育中，不同思维的个体特质并未得到充分关注。在整个少年时期，学校的学习应当具有代表性，应当涉足所有主要的知识领域。但十九岁、二十岁的年轻人应当知道自己最喜欢什么、最适合什么。如果他之前所受的训练足够广泛，到那时他就会知道自己在语言、哲学、自然科学，或是数学方面最有天赋。如果他没有喜爱的东西，至少也会有厌恶的东

---

❶ "七里靴"，在神话和传说中这是一种具有神奇魔力的鞋子。据说穿上它能够一步跨越七里。通常用来描绘具有超越常人的超能力。——译者注

西。在那个年龄，如果有孩子声称自己不会画某个图形，老师明智的做法不应像学校的女教师那样只给零分。当一个年轻人意识到自己独特的爱好和能力时，让他虔诚地欢迎它，感谢上帝，并鼓足勇气。此后，他就知道如何快乐地、热情地工作了。并且，如果上帝愿意的话，他还会变得有用，并取得成功。一个民族的文明程度可以从其工具的多样性中推断出来。石斧和机修车间之间相隔数千年的历史。随着工具数量的增加，每一种工具都能更加巧妙地适应其自身特有的用途，国家也是如此。对于个人来说，集中精力，最大限度地发挥自己独特的才能，才是唯一的明智之举。但对于国家来说，需要的是才智的多样性，而不是统一性。

这些原则为选课制度提供了依据，在过去的四十年里，该制度在这所学院逐步发展起来。目前，只有大学一年级为所有人规定了固定课程。其他三个学年里，分配给学习的一半以上时间都用于每个学生从课程清单中选择科目，这些课程清单包括大学二年级的六门课程，大学三年级的九门课程，大学四年级的十一门课程。虽然选修课程范围很广，但也存在一些明显的不足。选择科目的自由度很大，但还是有非常严格的限制。必须填写一定的框架，而且大约有一半的填充材料是规定好的。提供给学生的选择并非仅限于文科研究，或者是专业或者是应用研究，向他开放的所有课程都是自由的和规范性的，并非狭隘或特殊的。在这个体系下，学院诚然并不要求每一位文学学士学位候选人都修习一套一成不变的课程，但获得学位的要求仍然很高且很严格，那就是至少要花四年时间接受文科教育。

有人声称，选修制度一定会削弱同班同学之间的纽带。这确实是事实，但鉴于另一个导致班级亲密程度降低的更为直接的原因，这一点其实就不那么重要了，即大学班级规模的扩大，不可避免地在这方面产生了巨大的变化。150名年轻人不可能像过去50名年轻人那样亲密无间。这种增长是渐进的。如果没有更好的理由来改变，那么结合学生平均年龄的增长，这将迫使人们采用与过去不同的教学方法。选修制度有利于学术发展，因为它可以充分发挥自然偏好和先天资质，使人们对所选工作充满热情，减轻教授和热心弟子的负担，因为他们不必再面对一群被迫做自己不喜欢的任务的学生，并通过为小型活跃班级提供多种多样的课程，取代了对众多班级的不同部分多次重复的少数课程，从而扩大了教学范围。因此，学院打算坚持不懈地继续努力建立、改进和扩大选修制度。它在管理上的困难，起初看似艰巨，但经过一段短暂的历程后就消失了。

关于课堂授课和背诵的相对优势，人们进行了大量的讨论，两者都有用。课堂授课用于激发灵感，提供指导以及进行全面的条理化，只有对整个领域有全面了解的人才能正确地构思；背诵用于确保并证明学生对所研究的论文或作者有透彻的掌握，可以进行对话、评论和扩展，也可以进行模仿和竞争。单独的背诵容易沦为枯燥的重复，而单独的授课往往是无用的力量消耗。授课者费力地往筛子里注水，水也许是有益的，但它都流走了。心智必须通过努力才能成长。然而，只要学生可以不依靠频繁的提问和重复去掌握和欣赏作品，那么就可以省去背诵。因此，在大学的后期，有一种明显的趋势是减少背诵次数，通过定期考试来检验学生的掌握程度。如果得到谨慎控制，这种趋势是正确的。

关于授课和背诵的讨论引出了一些关于教科书及其使用的不同意见。无论是教师还是学生，对教科书和手册感到不耐烦都是很自然的。这些书确实在很大程度上非常不完善，经常需要知识渊博的教师不断修正。在目前有限的条件下，刻版印刷是造成它们最令人恼怒的缺陷的部分原因，要使用金属板（印刷）跟上学习的步伐是很昂贵的。然而，教科书虽然存在明显的缺陷，但我们不应过于笼统地谴责它的使用。很少有教师在其自身的学科领域超越所有教材。一般来说，科学类手册远不如语言、文学或哲学类手册。然而，过去二十年来，我国医学教育的主要改进之处在于，在以前作为理论教学主要手段的讲课之外，增加了对教科书的系统背诵。医学学生的培养尽管存在不足，但他们是最佳例证，为我们展示了科学教育的方法和成果。一所好的医学院校的普通学生在三年内所经历的转变，有力地证明了他所接受的训练是有效的。

对于一般意义上的大学，尤其是这所大学，存在着某些常见的误解，我想花几分钟时间谈谈这些误解。首先，尽管人们熟悉的画面是，学生在成长过程中面临着道德上的危险，但在从少年到成年的关键过渡阶段，没有比一所好大学更安全的地方了。大学公共社区的安全在很大程度上归功于其蓬勃发展的活动。虽然公众舆论很容易受到误导，但总体上仍是高尚的。其学术品位和习惯、热切的友谊和迅速产生的嫌恶、激烈的辩论、对性格以及深刻政治和宗教问题的坦诚讨论，所有这些都是防止懒惰、粗俗和堕落的保障。在它的社会中，乃至其独处之时，皆充满了教育意义。虚荣、自负和虚假的区别在这里得不到任何同情，夸夸其谈和多愁善感只会遭到嘲笑。在这所大学里，对真实情感和情绪的压抑确实过头了。矜持比任何缺乏洞察力的交流更受到尊重，但北方佬的羞怯和英国人的呆板都不可取。这一点尤其触动你们这些还在读大学的年轻人。当你们对某位老师产生由衷的钦佩，对某项工作满怀热情，对某句精妙之语感到兴奋激动，那就表达出来，不要为这些情感感到羞愧。对激发了你们优秀潜能的老师的天然情感是值得珍视的，为一位智识上的大师服务是极大的快乐。我们美国人太容易失去这种快乐，德国和法国的学生却能拥有。如果在以后的岁月里，你们在回首自己年轻时的崇敬之情时报以微笑，相信我，那时你一定是热泪盈眶的。

许多杰出人士认为大学排名的任何体系都存在很大的弊端，但我们为什么对年轻人的期望要高于对他们的长辈呢？有多少男人和女人仅仅是出于最崇高的动机——为了上帝的荣耀和人类的福祉——来完成他们的日常任务呢？首先，大多数人仅仅是为了填饱肚子而工作，只有少数人是为了享受。高校排名表强化了更高尚的动机。在塑造品格的斗争中，不应拒绝任何辅助手段。其次，轻视敌人以及拒绝盟友都是危险的。然而，要设计一种合适的方法来评估大学生的忠诚度和成就，这是一个长期以来不断讨论的问题，至今尚未得到令人满意的解决办法。排名作为激励手段的最坏之处在于它暗含了追求者的自我参照。一个年轻人越是不关注自己心智的培养和精神上的进步（程度），简言之，越不关注自己（的排名），就越好。

大学那些琐碎的规定引起了朋友和敌人过多的关注。要记住，有关礼仪的规定，尽管对于维持这所大学特有的高标准的礼仪和行为举止是必要的，但这些规定仍可恰当地被描述为琐碎的。从确切意义上讲，一整个学期的风平浪静，不能称为大学成功的典范。这种成功不能用大学惩罚的频繁程度或罕见程度来衡量。在高等学府中，成功或失败的标准不是微不足道的少数人孩子气的越轨行为，也不是极个别的毁灭性恶行。每一年都应该根据新增的教学机会、普遍的学习热情以及积累的文化和品格财富来评判。让孩子气的少年感到羞愧的最好方法是培养学识和男子气概。一个社会的文明礼仪不能靠武力来改善，其道德也是如此。大学章程中关于犯罪和不端行为的章节需要一些修订和删减。但是，让我们向父辈们展现公正，就像希望我们的子孙向我们展现公正一样。对我们而言过于琐碎或精确的规定在当时无疑是明智和恰当的。规定周日穿黑色礼服是为了反复灌输一种恭敬的态度和对神圣事物应有的尊重。如今，黑色已不再是唯一得体的着装，但我们不能因为不再采用这种特殊的礼貌方式，就认为其蕴含的文雅教养变轻了，因为改变的只是外在的标志，而非实质。

哈佛大学过去一直吸引着，现在也仍然吸引着来自各行各业的学生。从可能不在乎儿子在剑桥花费多少钱的城市商人或专业人士，到发现让儿子尽早腾出时间让他为上大学做准备是一项艰难的牺牲的农民或机械师，各种各样的人过去希望，现在仍然希望把孩子送到这里来。这所大学里总有许多年轻人靠自己赚取或借来的每一分钱维持大学生活。每年都有许多年轻人身无分文地进入这所大学。如果他们证明了自己有能力和勇气，他们就永远不会因为缺钱而离开。现在，除了所有减免的费用和众多的私人捐赠外，每年还有超过两万美元专门用于资助经济拮据的学生完成学业。这些私人捐赠是源源不断的。结合可用于资助贫困学生的资金收益，这使得校方能够宣称，任何优秀的学生都不必仅仅因为贫困而远离剑桥或辍学。然而，提供帮助有一个统一的条件：受助者必须有前途、有能力并且品德优良。社会并非亏欠所有孩子优质教育，而是应向精英阶层——那些既有能力，又通过刻苦努力证明自己具有必备的意志力和耐力的人提供优质教育。在贫困带来的重重困难下为进入大学做准备的过程，正是对我们所需要的价值的考验。仅就经济层面而言，目前国内没有哪所大学比哈佛大学更适合贫困学生。奖学金主要是过去十五年的成果，未来（奖学金的总量）会继续得到发展；因为可以预见的是，这一代受益于这些基金并且在日后取得成功的人，将会以数倍的金额偿还他们所欠下的债务，不是欠学院，而是欠那些他们甚至无法感谢的恩人，包括在天堂上的，他们会加倍地偿还给有需要的继承人。难怪会设立奖学金，还有什么比给予有前途的年轻人梦寐以求的智力成长和自由的机会更伟大的特权呢？天堂的天使可能都会羡慕凡人有如此美好的享受。获得奖学金带来的快乐并不仅仅属于获得者本人，它会闪现回到他的家乡，让那里焦虑的心感到欣慰。它所带来的益处并非只属个人，而是代代相传，每代都在增加。多亏了遗传传递的神秘恩赐，没有哪种资本能像培养人那样带来如此大的收益。这里最贫穷和最富有的学生都同样受欢迎，只要他们无论贫穷还是富有，都具备能力、抱负和纯洁的品质。在这个金钱至上的国家，学者的贫穷具有不可估量的价值，它维护了美德和荣誉的真正标准。拯救教会的不是主教，而是贫穷的修士。贫穷的学者和宣扬责任的布道者们捍卫着现代社会，使其免受物质繁荣的侵害。奢侈和学识是难以兼容。然而，这所大学之所以独具特色，在很大程度上要归功于那些从高雅的家庭中带来了良好的教养、儒雅的气质和绅士的精致，以及他们带来的开放和活跃的思维、对知识的兴趣和对公众的责任意识。对于富家子弟和贫家子弟来说，来到这座学术殿堂，在有教养的知识群体中占据一席之地，是至高无上的特权。如果完全失去了那些早年享受过财富带来的家庭和社会优势的人，对学院来说，这将是与失去穷人的孩子同样沉重的打击。在这方面，学院的利益与国家的利益是一致的。当富人无知且粗俗时，国家就会遭受苦难。如果脱离文化，继承的财富就是一个不折不扣的诅咒。哈佛大学有时被指责为贵族化。如果说贵族是指一个愚蠢且自命不凡的阶层，这个阶层是建立在财富、出身和对欧洲风俗的矫揉造作之上，那么这样的指责无疑是荒谬的：这所大学在情感上完全是美国式的，在气质上完全是民主式的。但是，哈佛大学的学子们确实属于一个贵族阶层，我们希望他们永远都渴望成为这个阶层的一员——这个阶层在男子体育方面的表现出类拔萃，在学术专业领域获得荣誉和奖项，并在所有智力劳动和竞争领域都表现出色；这个阶层在和平时期最坚定地捍卫着公众的荣誉和声誉，在战争中则身先士卒，率先冲入杀戮的丛林。

在有关妇女的教育和合理就业的广泛讨论中，需要为大学的态度做出简要的解释。美国是这些争论的天然舞台，因为在这里，女性有着比其他任何地方都更辉煌的过去和现在。美国人通常憎恶各种形式的歧视，无论是宗教、政治还是社会方面的。男女平等，没有特权或压迫，是美国家庭的美好传统。在这场重大讨论正在进行之际，大学有责任保持谨慎和期待的政策。校董事会不会将女性作为正式学生接纳到学院中，也不会接纳到任何需要在周边租住的学校中。让数百名性格尚未成熟且适婚年龄的年轻男女共同生活，其中所涉及的困难是巨大的。必要的治安规定极其繁重。然而，校董事会做出这一决定并非受任何关于女性先天能力粗陋的观念影响。世人对女性的自然心智能力几乎一无所知。只有在自由和平等的社会中经过几代人之后，才有可能获得充分讨论女性的自然倾向、品位和能力所需的数据。再者，校董事会也认为没有必要对女性是否从事职业追求发表意见，大学没有义务去决定这个悬而未决的问题。在这个国家，大学不承担保护社会免受不称职律师、牧师或医生的侵害的责任。社会必须通过拒绝雇用此类人员来自我保护。大学的政策是由实际而非理论上的考虑决定的。在一个成见深重、意见偏激且经验匮乏的问题上，当如此重大的利益受到威胁时，只有一条道路是谨慎和合理的——那就是严谨的和深思熟虑的实验。实际问题是设计一个安全、有前途和有教育意义的实验。校董事会打算通过向有能力的女性开放新设立的大学课程来尝试这样的实验。在这些课程中，大学为那些上过优质学校的女性提供她们所希望得到的长期自由的文化学习机会，诚然，这些课程没有直接的职业价值，却能丰富和提升知识水平，增强毅志力。大学希望借此为女性的思想解放做出贡献，希望为女性提供更好的条件，使她们能够胜任教学这一职业，教育行业是女性已经明确拥有资格从事的唯一一门学术性职业。大学希望提供这种高等教育能够对女子学校产生一些影响——遏制肤浅，促进实质性教育。

大学的管理机构是各学院、监督委员会和董事会。大学作为研究和教学机构，在任何时候都是由各学院主导的。大学的教授、讲师和导师是学习和热情的源泉，他们体现了教学的种种可能。他们分布于不同的机构，即学术研究所和专业学院，每个机构实际上都自行决定着自身的程序和规则。对教学方法的研讨是这些机构的首要事务。事实上，进步主要来自各学院。在过去的十五年到二十年中，这种情况在教育学院和医学院尤为明显。本科生过去有种观念，认为教育学院的时间主要用于琐碎的纪律管理。事实远非如此，教育学院是与大学联系最紧密、最活跃、最专注的机构。它确实经常需要讨论一些细节问题，这些问题对于没有经验的观察者来说可能显得微不足道。但是，在教育领域，技术细节是至关重要的。例如，德语课程是作为课外学习每周上一次，还是作为选修课每周上两次，对大三学生来说，这看起来并不是什么重要的事情，但是二十年后，这将决定一代校友是否会德语，还是会造就一批不懂德语的人。学院通过频繁任命导师和助理教授，不断注入新的活力，他们更新换代的频率比大学内的其他任何组织都要高。有两种人能成为好老师——年轻人和永不衰老的人。教育研究院不断进行的讨论取得了丰硕的成果，见证了沃克校长执政以来大学的转变。它从不厌倦，新来的人会接手此前的议题，每年的进步都不容小觑。学院内部的分歧从来不是在年长和年轻的教员之间，这里总有老激进派和年轻保守派。

医学院是这一原则的另一个例证，即为了大学的真正进步，我们必须主要关注教学机构。今天医学院的实力几乎是十五年前的三倍，其教学能力大大提高，教学方法也有了很大的改进。这一收获是学院全体教职员工的功劳。

如果说这些学院如此重要，那么如何保持和提高这些学院的质量就是一个至关重要的问题。为大学找到称职的教授是非常困难的，很少有杰出才能的美国人被吸引到这个职业中来，薪酬一直太低，而且没有像其他职业那样可以合理期待的、从艰苦工作中逐渐晋升的机会。供求定律，或者说商品的质量和价格最好由生产者和消费者之间的自然竞争来调节的这一商业原则，在高等教育领域从未很好地发挥作用。尽管它的一些倡导者地位很高，但几乎可以肯定的是，所谓的定律在这样一个领域永远无法很好地发挥作用。原因在于，家长和学院理事对最高层次教师的需求是一种盲目的需求，而且高素质教师的供应非常有限，以至于消费者没有足够的机会了解他所寻求的商品的真正价值。他原本就是一个糟糕的判断者，而且因为他所面对的供应既不够丰富也不够多样，无法给他提供指导。此外，需要不一定就是需求。众人皆知，即便是对市场上供应最为充足且买家最为熟悉的商品，所谓的法律在防范缺斤短两、掺杂使假以及欺诈蒙骗方面所提供的保护也极不完善。即便是最具智慧的群体，在购置衣物和食品杂货时也几乎毫无抵御之力。当涉及聘请有学识、有灵感和有影响力的教师时，供求法则更是全然失效。大学不能像铁路或棉纺厂那样进行管理。

然而，在大学教授的职位方面存在两项切实可行的改进方法，这将会产生很好的效果。他们的固定津贴必须而且定会增加，而如今困扰他们的重复性工作必须减少数量。选课制度的一大优势在于，通过缩小班级或课程分组的规模，并增加学科的种类，使教授的工作更加愉快。经验表明，最强大且最专注的教授会为知识宝库贡献成果；或者，即便他们自身创新不多，也会在捍卫、阐释或传播他人的贡献方面有所作为。然而，这一代美国教授的主要任务必须是定期和勤勉的课堂教学。除了天文台的捐赠外，大学没有任何一项用于主要确保学者有闲暇时间和资源手段进行原创性研究的基金。

那些对美国借助私营企业为社会提供高等教育这一方式感兴趣的人，都应该高度认真关注监督委员会的组织与职能。自1866年起，监督委员一直由校友选举产生。每年选出五人，任期六年。故而，该机构拥有规模庞大且极具智慧的选民群体，且更新迅速。提名给选举人的候选人数量是每年待填补空缺职位数量的两倍，此精妙之法作为一种或可应用于政治领域的手段，值得深入研究。监督委员会的真正作用在于激励并监督校长及研究员。若无监督委员会，校长及研究员将成为一个自我延续、自我管控的私人受托董事会。正因为大学设置了两个管理委员会，这才拥有了美国所有政府的主要安全保障——即两个在构成、权力及特权方面各异的组织机构之间存在的天然对抗性。尽管监督委员与法人团体在大学的福利及学术进步方面存在着极为紧密的共同利益，但监督委员对法人团体应当始终秉持怀疑且谨慎的态度。他们应当始终加以督促和探查。监督委员会所施行的公众监督的重要性无论怎样强调都不为过。经验表明，我们对于这所大学的永久性以及不断拓展的实用性的主要期望必须寄托于这种双头组织上。在英国，设立单一的私人受托人团体，以依照某位或某些创建者的个人指示来经营一所学校或慈善机构的这种实践，无疑已被证实是极为糟糕的。从世代更替的角度来看，这些机构所建立的制度都被证明是短命的。如果没有监察委员会的存在，导致英国受捐赠学校衰落的那些因素将会威胁到这所大学的生存。这些学校通常由封闭的社团进行管理，这些社团是自我选举、自我控制的，缺乏行动的动力，也缺乏外部的激励和帮助。这样的社团是极不负责任的。在大多数人担任这种信托职务的时候，却向往安逸的生活，往往把最简单的方法视为最好的方法。无所作为的责任，尽管实际上（付出的代价）更为沉重，却似乎比采取行动的负责任行为显得更轻松。这些社团常常受到创建者的遗嘱和无法执行的法定条款的阻碍，进而妨碍了机构的改进。在那里，不存在全面的检查以及公开报告的系统性规定。我们不能自欺欺人地认为在类似的情形下我们总会免受类似危险的侵害。在呼吁消除滥用职权行为的压力下，英国一些教育界的挚友甚至偏激地主张，所有这些学校的捐赠都应当被废止，并阻止未来再出现类似的信托基金。法国法律实际上禁止私人设立此类信托。

监督人员有权检查大学并公开报告其状况，同时，他们还有一项重要职能，即提出并敦促进行改进。一所庞大大学的惰性是非常可怕的。如果美好的过往让我们满足于当下，从而对未来毫无准备，这肯定是危险的。目前，我们监事会的制度要求新英格兰其他几所学院的校友对财产托管董事会进行类似的监管，而该董事会此前一直是所有权力的唯一来源。

如今，我们来探讨大学的核心所在——董事会。该董事会掌控资金、实施任命、确定薪酬，并且依法在大学组织法的所有变革中握有主动权。这样一个执行董事会必须精简高效。委员会中必须始终包含具有稳健金融判断力的人，并且文学及学术领域的专业人士也应在其中占有一席之地。董事会的更新亦应循序渐进，因为对于大学而言，至关重要的是，管理部门应当有一个稳定的目标以及一种普遍精神，这种精神独立于个人且能够世代传承。那么，这应该是一种什么样的精神呢？首先，它应当是一种兼容并包的精神。一所大学必须立足本土、必须丰富多元，但最为关键的是，必须自由开放。自由的微风必须吹遍大学的每一个角落。但要将麦粒吹走，需要一场飓风。思想自由的气氛是文学和科学赖以生存的空气。这所大学立志通过培养具有学术诚信和独立思维的人才来为国家服务。校董事会要求其全体教师庄重、虔诚且思想高尚，但如同对待学生一样，需赋予他们自由。大学不是由某个教派所建，而是由一个国家所建。

其次，校董事会的核心精神必须是忠诚精神——忠诚于数百位人士赋予他们的众多且不同的信任。这些人无论贫困还是富足，都怀着在这世上成就永恒善举的美好愿望，将资金捐赠给了哈佛大学的校长及研究员们。学院一直在竭尽全力使这一希望成为现实。199年前，威廉·佩诺耶将其在中英格兰诺福克郡某些庄园的租金捐出，以便在这所大学中"永远教育、培养和供养两名研究员和两名学者"。这笔遗赠带来的收入从未中断过。而今天，四名佩诺耶奖学金获得者中的一位正是威廉·佩诺耶兄弟的直系后裔罗伯特。丹福斯总督于1699年遗赠给学校的财产收益被设为奖学金，同样的，今年他的直系后裔也获得了该奖学金。无论大事小事，校董事会都始终如一地保持着忠诚。他们在一个方面得到了极大的庇佑：在校董事会的整个存续期间，历经七代人，从未因管理人员或员工的不当行为而蒙受损失。对所有受托事务忠诚不渝的声誉，乃是校董事会最为宝贵的财富。只要这份诚信安全无虞，学校即便失去其他一切仍能生存，但如果这份诚信荡然无存，学校的日子也就屈指可数了。遗嘱人首先会考虑的是分配其善款的机构的可靠性和持久性。学校衷心地感谢所有能够促进学术发展的馈赠，但他们认为，若不过分严格地限制馈赠的用途，大学的利益就能得到最有效的提升。每当捐赠者有此意愿时，学校就会同意将此基金以馈赠者的名义单独投资，并将该投资的全部收益用于馈赠者指定的任何对象。然而，因为此类专项投资，原本可以通过将特定捐赠纳入一般资金池而获得的保险保障就丧失了。单独投资的基金可能会因投资的一时判断失误而受到损害或损失。在任何一代人中，发生此类损失的可能性都很小，但历经数世纪就相当可观了。诸如薪资、书籍、宿舍、公共建筑、研究生或本科生奖学金、科学收藏品以及实验室的费用等一般性用途，具有永久性的意义和影响。而经验表明，由于世世代代的需求和习惯在不断变化，关于资金运用过于具体和细致的规定往往无法实现。

另外，学校理应始终满怀进取精神。像本校这样的机构，倘若心满意足地靠抵押贷款维持生活，便会逐渐衰败。就其投资资金而言，学校应当始终在其投资基金上寻求如何稳妥安全地利用其投资资金再多赚四分之一。这四分之一的收益意味着一个新的教授职位。学校应当始终追求增设更多的教授职位，聘请更优秀的教授、获得更多的土地和建筑以及改善更精良的设备。它应当积极进取、孜孜不倦、永不懈怠，绝不浪费片刻去细数已获得的殊荣，始终热切地欢迎并善用社会的慷慨捐赠，最乐于见到的前景莫过于在学术和公共美德的事业中克服困难、努力工作。

先生们，你们应该理解，我在此所描绘的这幅图景，正是这所学校董事会的真正精神所在。我描述了新英格兰人性格中的崇高精髓，正是这种性格使我们成为自由和开明的民族，这种性格，愿上帝保佑，将在世界上为人类进步的伟大事业做出巨大贡献。

除了校董事会所承担的责任之外，其实际工作的繁重程度远超社会的想象。在过去的二十年里，大学的事务在数量和复杂性上都大幅增加，消耗了校董事会每位成员大量的时间和精力。如今，这份职责所带来的崇高荣誉是通过最无私的付出而获得的。

大学校长主要是行政官员，但作为两个管理委员会和所有学院的成员，他在这些机构的讨论中也具有影响力，这种影响力取决于他对大学的熟悉程度，以及他或多或少的个人威望。试图凡事亲力亲为的行政官员，是做不了多少事情，也做不好事情。校长的首要职责是监督。他应当了解每位官员和职员的工作内容以及工作方式。但是，那种要求校长从购买门垫到任命教授等所有事情都做决定的时代已经过去了。在政府部门、工厂以及所有大公司中通行的分工负责原则，使现代军队成为可能的这一原则，也必须在大学中得到应用。校长应当能够洞察复杂冗长讨论的实际要点。他必须经常挑选出那些值得通过实验来检验的有前途的理论部分，并必须决定诸多可取之事中有多少是可以实现的，众多项目中哪一个是最成熟可以付诸实施的。他必须留意观察、事先谋划——抓住获得资金的机会，争取杰出的教师和学者，并影响公众舆论以促进学术进步，并要未雨绸缪，要预见到公众对教育问题的意见波动、为大学输送人才的机构的进步、大学所服务的专业不断变化的状况、新兴专业的兴起和社会宗教习惯的逐渐改变等，以及这些因素对大学可能产生的相应影响。大学必须迅速适应其服务对象，即民众特征的重大变化。任何国家的高等教育机构始终是一面忠实的镜子，清晰地映射出该国的历史和特性。在这个充满活力的国家里，大学与整个社会之间的相互作用和反作用，比在僵化的社会中更为敏感和迅速。因此，校长不必等看到房子建成后才能理解其设计方案。他可以通过与各种各样的人进行广泛的交流，以及通过教育、立法和社会研究的每一次现实讨论来获益。

校长最重要的职责在于就人事任命向校董会提供建议，尤其是针对那些尚未有时间和机会获得公众认可的年轻人的任命问题。正是在履行这一职责时，校长掌握着大学的未来。除非他具有洞察力，能够透过表象识别出真正的绅士和天生的教师，否则他无法出色地完成这项工作。这是校长所肩负的一项沉重责任：与它相比，其他一切忧虑都显得微不足道。每天目睹一次错误任命所结出的恶果，必定是最残酷的官方折磨。所幸的是，明智任命所产生的良好效果同样不可估量。而且，正如在所有地方一样，善比恶更具穿透力和扩散性。

为了减轻次要职责的干扰，以便校长能够集中精力履行更重要的职责，我们迫切需要对界定校长职责的章程进行重新制定，并对学院的惯例进行一些修改。但是，无论校长的职责多么重要，我们都不能忘记他本质上是一个按照章程行事的行政长官。重要的是他的品格和判断力，而非他的观点。他是审议机构的行政官员，该机构通过多数投票讨论后做出决定，那些决策对他具有约束力，他不能将自己的观点强加于任何人，大学是世界上最不可能出现独裁者的地方，学术永远是共和的，它有偶像，但没有主宰者。

社会能为大学做些什么呢？社会能够关爱、尊重并珍视大学。关爱它、尊重它。大学依靠这种公众的关爱和尊重得以支撑。在学子们的忠诚中，大学获得力量和勇气。校董会、监事会和各个院系需要感受到舆论领袖（的支持和认可），特别是学院的校友，始终站在他们身后，随时准备为他们提供慷慨而明智的支持。因此，我们欢迎联邦的首席行政长官、参议员、法官和州里的其他显要人物出席这一古老的仪式，见证马萨诸塞州对这所最古老大学的自豪之情。因此，我们为校友们的到来而感到高兴，他们证明了自己对学校的热爱，无论时代如何变迁，这所大学始终是他们的家。珍惜它吧。这所大学虽然在美国的大学中名列前茅，与欧洲的那些伟大大学相比却非常贫穷。美国社会的需求已经远远超出了大学的能力范围。我们必须努力满足少数精英的渴望，同时也要满足大多数人的需求。我们不能忽视对美好艺术的追求。我们需要树林和草地，也需要校舍。而且在这个日益扩张的城市中，我们很快就没有机会再建造这些设施了。但是，最重要的是，我们需要教授职位、书籍和实验设备，以便让教学和学术研究更加丰富。

那么，大学又能为社会做些什么呢？首先，它将为社会提供丰富的知识、诗歌和虔诚。其次，它将培养公共责任感——这种伟大的美德使得共和国得以成为可能。哈佛大学的成立是一项具有公共精神的英勇行为。一个多世纪以来，马萨诸塞州的公共精神及其私人捐助者使它得以维持生机。在过去的五十年里，学校友人的公益精神使其捐赠基金翻了两番。一代又一代在此成长的年轻人是如何回报创始人虔诚的关怀的呢？他们是否珍视自由、热爱国家？为了找到答案，我们求助于国民服役的记录，参议院、内阁和外交服务机构的名单，以及军队的花名册。在座的各位德高望重之士，向全世界展示了这所大学毕业生的公共品质，他们不是为了金钱服务，其他劳动领域对他们更有吸引力，也能给他们带来更丰厚的回报，但他们充满了崇高的雄心壮志，希望为共和国做出应有的贡献。在最近一段时间里，人们一直心存疑虑，不知道文化是否过于自私；具有高雅品位和风度的人是否真的热爱自由，并愿意为其而忍受艰辛；简言之，绅士们在这个世纪里，是否会像过去对国王那样，对崇高的理想保持忠诚。那边古老的操场是一个纪念在那里培养出男子气概的绝佳之地，很快将矗立起一座宏伟的纪念碑，它将为后世提供令人信服的答案，消除这类肤浅的疑虑，因为纪念碑的大门上方将刻写着"纪念为国家捐躯的哈佛之子。"这所大学的未来不会辜负它的过去。

在约翰斯·霍普金斯大学校长
丹尼尔·C·吉尔曼
就职典礼上的致辞

1876 年 2 月 22 日

在约翰斯·霍普金斯大学校长
丹尼尔·C·吉尔曼就职典礼上的致辞

国内历史最悠久的大学热忱地向最年轻的大学致以诚挚的问候，并欢迎这位值得尊敬的盟友——一位在物质资源和崇高目标上都强大的盟友。

我祝贺你们，约翰斯·霍普金斯大学的董事们，祝贺你们即将开展的崇高工作。一笔巨大的财富，是用毕生精力和智慧所积累的重要成果，已交至你们手中，其条件既慷慨又明智，即为公众利益服务，为子孙后代提供宝贵的文化教育条件。你们的董事会拥有巨大的权力。它必须持有和管理大学的财产，进行所有任命、确定所有薪资，在将立法和行政细节留给它将创建的各个院系的同时，还必须制定大学的一般法规。随着时间的推移，你们的责任和工作的繁重程度将与日俱增，所幸的是，依照这个国家已经确立的令人赞赏的惯例，即你们服务时除了公众对你们职位的公正评价，以及那种能发挥作用的愉悦感之外，没有其他报酬。你们董事会的精神动力将是对你们所托之事的严格忠诚，以及不遗余力地促进大学福利和学术进步的热情。从你们的无私、仁慈和持久性来看，你们的职责是世界上最纯洁、最崇高的职责，也是历来所知的最纯洁、最崇高的职责。愿你们履行神圣职责时所做的工作，能够得到当世之人的同情和期待，以及后世的钦佩和感激。

约翰斯·霍普金斯慷慨捐赠而创建的这所大学必须是非宗派的。没有其他任何大学能比这所大学更适合建立在这个以天主教殖民地创始人命名的城市中。在基督教世界历史上，宗教宽容首次在这个州中以政府名义明确宣布。有一个非常普遍的观点认为，一所非教派性的学院或大学必然是无宗教信仰的。但是，没有宗派控制不应与缺乏虔诚混为一谈。一所其管理人员和学生分属多个教派的大学，在对宗教的尊重和虔诚方面，不一定不如它所类似的社区。如果像大学所应做的研究那样，对自然以及人类的所有特性和活动进行深入研究，从而导致学者们（对宗教）的不虔诚，那将是一个可怕的征兆。但事实并非如此，相反，这样的研究使人们直面深不可测的神秘和无限的力量，从而让他们充满谦逊和敬畏。大学的整个工作都是振奋人心、净化心灵和升华精神的。

> 凡是触及生命的事物，都有向上的冲动；
>
> 无论在何处，上帝都存在于一切解放和向上发展的事物之中，
>
> 在所有使人谦逊、美好和安慰的事物之中。

大学不能建立在宗派之上，除非这个宗派囊括了全国所有受过教育的人。这所大学不会要求其教职员工和学生信奉任何特定宗教组织的信条，也不会向他们强行灌输任何宗教教义；但即便如此——我更应该说，更重要的是——它可以通过思想高尚的教师发挥强大的道德和宗教影响力。它可以在学生年轻的心中种下崇高的情感和追求价值的理想抱负；可以向他们的内心灌注荣誉感、责任感和责任心。

我祝贺巴尔的摩市，市长先生，几代之后，这里将是一所富有而强大的大学所在地。对市民来说，其场地和建筑将逐渐成为他们感兴趣和自豪的对象。大学的图书馆及其他各类藏书，是人类已经获取的知识宝库，后续的发明与改进皆由此生发。对于任何智慧的群体而言，它们都是巨大的财富。社会风气会因众多受过高等教育之人的存在而明显受到影响，这些

人过着平静而质朴的生活，专注于哲学与教学，对人类追逐的一般目标不屑一顾。大学将在公共责任与公共精神方面保持高标准，并将扩大这个受过教育的阶层，他们之所以与众不同，不只是因为财富，更是因为他们的修养和精神内涵。

我祝贺马里兰州，其首席行政长官出席此次集会，使其荣耀倍增。在该州境内设立一所独立的高等教育机构意义非凡。对一个自由之州而言，大学的存在与小学同样必要。公立学校体系依赖于高等教育机构，没有它们就无法切实有效地维持下去。学院、大学和专业学校的职能在很大程度上是公共职能。诚然，它们的工作主要是针对个人，但最终是为了公共利益。它们在形成和塑造公共品格方面发挥着强大的作用，而这种公共品格是一个州内所有宝贵事物的基础，甚至包括其物质繁荣。在培养法律和医学等学术专业人才方面，这所大学将对马里兰州和邻近各州产生巨大的帮助。在过去的四十年间，合众国大多数州中那些管理这些体面且需要高度信任的职业的准入规则已被随意放宽了。结果，由于这般轻率地抛弃了先辈们更为稳妥的方式，我们如今在物质和精神方面都遭受了巨大的损失和伤害。本国高水平的大学应当为年轻人提供充分的途径，让他们为从事学术性工作做好充分准备，并为专业学位设定高标准。

吉尔曼校长，各位杰出的人士聚集在一起，是为了向您表达良好的祝愿。我祝贺您承担艰巨的任务和重大的职责。在正常的人生历程中，您看不到自己辛勤工作的大部分实际成果。因为建设一所大学不仅需要数年，更需要数代人的努力。不过，尽管"未竟之事会压在行动者身上"，忧虑有时也会让您感到压抑，但您的职位仍伴随着极大的特权。您的日常工作只需与有教养和有荣誉感的人打交道，这是一项珍贵的特权；看到一批批年轻人年复一年满怀希望和勇气投身生活的战场，且每年都为这场斗争准备得更充分、装备得更精良，这是令人欣喜和振奋的景象；通过增加文化手段来为社会和国家服务，这是一项特权；但最重要的是，您将拥有巨大的幸福，那就是毫无保留、毫无节制、毫无自我地投身于这项崇高的公共事业，终生如此，不求升迁，"不再有任何奢望"。我深知您今日公开承担的职责的性质，也熟悉其忧虑与辛劳、希望与恐惧、考验与成功，我为您投身此项工作而感到欣喜，并欢迎您投身于此项事业，这将考验您全部的能力。

国家真正的伟大之处不在于领土、税收、人口、商业、农业或制造业，而在于非物质或精神层面的事物，在于其人民的纯洁、坚韧和正直，在于其所孕育的诗歌、文学、科学和艺术，在于其历史和生活的道德价值。对于国家和个人来说，唯有道德上的至高无上才是永恒不变的，永远有益的。大学如果得到明智的引导，就能积累民族的文化财富，成为精神和道德力量的源泉。因此，我们整个国家都有理由为您在这里成功建立了一座有价值的学术之地和虔诚的学府而感到高兴。在这里，年轻人的脚步可以避开低俗的欲望和世俗的野心，谦卑地沿着过去的杰出人物——诗人、艺术家、哲学家和政治家的足迹前行；在这里，新的思想可以探索新的领域，增加知识的总量；在这里，时常会培养出伟大的人物，成为人民的领袖；在这里，时常会迸发出天才耀眼的光芒，令人类欢欣鼓舞；最重要的是，这里可以培养出一代又一代正直的青年。

教师任期制度

1879 年 **12** 月 **30** 日

教师任期制度

我不打算讨论这样一个问题：任期为一年的学校委员会能否与教师签订超过其自身服务期限的合同。如果公众舆论普遍认为，在教师表现良好且有效率的情况下，为其提供任期保障是必要且可取的，那么就会找到或制定某种合法的途径来实现这一目标。

那么，我们姑且抛开这一暂时性的障碍，转而直接询问：公立学校教师的最佳任期应该是多长？对于这个重要的问题，我发现无法立即给出答案。在此之前有一个问题需要仔细考虑，之后还有一个问题需要处理。显然，任命一位没有表现出任何胜任能力的教师为终身教职是荒谬的。长期的任期意味着对官员的慎重选择。如果没有明智的教师选拔方法，那么他们的任期越短越好。西部城市的一位明智的校长曾对我说，他学校的所有教师每年都要参加三次选举，而且他希望这样的选举能更频繁一些。他说，必须要有频繁解雇教师的机会，因为任命了太多不称职的教师。原因是这些教师是通过赞助人制度（在美国通常是这样）被任命的，而这些赞助人大多无法区分有前途的候选人和没有前途的候选人。

在教师能够享有长期任期之前，显然必须建立一个健全的教师选拔和考核制度。我不能脱离选拔问题来讨论任期问题。精心选拔的方法有两

---

❶ 本文在马萨诸塞州教师协会上宣读。

个：第一，对学校所教授科目进行考试，以及其他最能展示候选人能力的考试。这些考试应该包括相当广泛的选修科目，因为测试的是候选人获取知识的能力，而不是他们实际获得的知识，而这些能力在哪个具体的知识领域得到发展并不重要。第二，在有能力的教师工作评审委员的监督下进行试用期服务。如果要合理谨慎地选择教师，就不能取消试用期服务，因为考试只能检验知识和应变能力，而优秀的教师还必须具备责任心、热情、奉献精神和坚强的性格。这些品质的具备或缺乏，只能在实际的教学中得到证明。

试用期可以分三个阶段进行。第一阶段的试用期应该较短，不超过一年；第二阶段的试用期应该长一些，但不超过三年；第三阶段也是最后一个阶段，试用期为五至六年。试用期足够长，使教师的年龄达到 30 岁或 32 岁，这有很大的益处。到那个时候，男性和女性通常会展现出他们未来的样子。有些早开的花蕾会枯萎，有些迟开的花朵会展现出非凡的活力。此外，对于领薪酬的人来说，通常在那个年龄之前就结婚了。婚姻通常会终止女性的教学职业生涯，而在男性中，它往往会带来重大改变，通常是向好的方向发展，但有时也会向坏的方向发展。总的来说，与那些受婚姻影响的男性签订永久合同，比与那些尚未选择伴侣的男性签订合同更稳妥。

但在这里，我们遇到了一个困难，虽然严重，但绝非无法克服。除非有称职且负责任的评委来监督每次任命中的服务情况，并决定是否留用教师，否则试用期就没有任何意义。因此，称职的监督和检查是至关重要的。显然，像学校委员会这样变动频繁、没有报酬且非专业的机构，无法充分履行监督和检查的职责。他们必须将这一职能委托给品格高尚、判断力强、任期长的专业人士。无须争辩即可证明，只有那些自己职位稳固、实际服务期限长的称职监督员和检查员，才能成功实施教师长期任职制度。长期的试用期意味着对候选人进行长期持续的观察，以及精心制定和持续推行的永久政策。

波士顿学校董事会努力组织一个常设的监督委员会，这一举动值得所有专业教师的大力支持，因为维持这样一个稳定的权威机构，对于成功实施所有旨在改善公立学校教师状况和前景的全面计划至关重要。

假设现在一位教师在 30 岁~32 岁时，已经通过彻底的初步审查和长期的试用期，为未来的服务提供了所有保障，那么我们要问，最终任命的性质应该是什么？出于对该职业和社会的考虑，这应该是一个没有时间限制的任命，不应有重复性的选举。然而，对于教师履职不力或行为不端的情况，应对教师做出免职处理，并且应该制定退休教师的养老金或年金制度。在此，我触及了随后的一个问题，这个问题与任期问题密不可分：长期任职在逻辑上涉及养老金或年金。此外，一旦个人被录用为正式员工，其薪资应绝对有保障，不得削减。如果城市和乡镇的财政情况迫使必须削减教师薪资——这几乎是一个不可能的假设——那么这些削减只应针对新录用人员，而不应针对老员工。但我知道，我们的国家、州和市政府经常随意违反这一良好的公共管理原则，但我要说的是，我们政府在这方面的做法极其野蛮、毫无条理且不讲经济效益。值得注意的是，这一评论仅适用于公共管理，工业或其他收入不稳定的私营公司的员工无法完全免受商业不利因素的影响，但无论是国家、州还是市政府，都应该能够给予其员工两种奖励，可以很大程度上替代即时的货币支付，即收入保障和公众的尊重。政府放弃或不利用自己显著地位所带来的这些优势，那就是极度的铺张浪费。

教师若不必为每年的连任操心，也不必担心工资削减，教师生活的尊严、独立性和轻松程度将会大大提升。摆脱对未来的焦虑是多么大的一种恩赐啊！在人生的早期，或者只要一个人能够轻易地从一项追求转向另一项追求，不确定的任期倒也不是什么大的困难；但是，当壮年已逝，思想变得僵化，不再轻易接受新的任务，尽管对熟悉的工作仍能胜任，那么对于一个谨小慎微且已身系家累的人来说，不确定的任期会带来极大的焦虑。

而且，有保障的职位所带来的独立性是多么宝贵啊！——对教师来说是宝贵的，对公众来说也极具价值。因为我深信，由于每年选举的教师天生谨慎和保守，公众如今失去了许多良好的建议。另外，任期的保障会提高教师职位在公众心目中的地位。毫无疑问，任何非纯粹政治性职位的尊严在很大程度上都受到其实际任期长短的影响。

那么，让我们想象一下，我们这位能力得到证实的典型教师在 30 岁或 32 岁时被任命，在任职期间表现良好，就享有领取足以维持一个普通家庭（生活）的稳定薪水。他将过上平静、独立和体面的生活，这样的生活有助于长寿，并有利于在熟悉的范围内将其身心活动延长到高龄。难道在这里我们没有遇到一个对长期任期制度持坚决反对的意见吗？有人自然会问，学校里难道要充斥着年老的教师吗？在一个完善而明智的制度下，当然不会。为退休老教师提供合适的年金是一项长期任职制度的必要补充。任何城市或乡镇（政府），如果没有适当的办法在教师筋疲力尽、效率低下或成为工作阻碍时将他们从学校中辞退，就无限期地任命他们，哪怕是那些有经验的教师，都是非常鲁莽的。退休年金之所以受欢迎，有三个原因：第一，它使一位愿意从繁重的日常工作中退下来的老教师能够光荣地退休，并享受全世界都认为他应得的安宁。第二，它使城市或乡镇（政府）能够体面、公正且不会令人反感地辞退那些服务不再受欢迎但仍然忠诚的教师。第三，退休年金的习惯性使用，部分是自愿要求的，部分是被迫接受的，这使得在大型服务机构的各级晋升比其他情况下更快。这是一个伟大的目标，因为缓慢的晋升前景会阻止有抱负的年轻人进入原本会吸引他们的服务行业。目前，不同服务机构和不同国家有许多养老金、退休年金或退休金制度，这些制度如果不加以修改，都不能完全应用于我们公立学校中，但它们共同为明智的方案提供了可靠的指导。

显然，任何退休制度的管理都必须委托给一个相对永久的、同时受到教师和公众信任的机构。我们在此再次看到需要一个由公正明智的视察员组成的常设委员会。

那么，以下就是组织良好的公立学校服务的三个主要特征：通过考试和试用期精心挑选教师，最终任命不受时间限制，以及退休年金制度。这些原则综合起来，无论是公开宣布还是默认接受，都是世界上所有公正、经济和高效的公共行政的基础。怀疑基于这三个原则的制度是否可行是毫无意义的，因为这个综合制度在几个高度文明的国家中已经长期实行。

请允许我恳请你们，不要因为一些肤浅的评论家一定会用"不民主"和"非美国式"等令人担忧的形容词来评价我所提出的建议，就阻止你们对之进行公正的考虑。我所倡导的任命方法是在一个有能力的裁判团面前进行不受限制的长期争论的结果，这个裁判团不会受到任何不当影响，也不会有人期待得到任何偏袒。在我看来，这个过程显然比当前美国普遍采用的获得公职的方法更加民主。众所周知，这种美国现行的方法首先是向那些在很大程度上对该职位的职责或申请人是否适合该职位知之甚少的人征求对该职位的推荐；其次，从一位可能不具备明智抉择能力的赞助人手中谋取职位，而其掌权也不过一日，当这样一种赞助方式被称为比公开竞争方式更民主时，言语就失去了意义。

不能认为长期任职本身就是不民主的，因为即使在规定每年选举的规章制度下，本市的校长职位的实际任期通常也很长；在许多其他服务部门，如学院、研究院、银行、保险公司、制造企业和铁路公司，长期任职在我们民众当中实际上是常见的，其优势也是广为人知的。也不能认为养老金是不民主的，至少没有人认为付给士兵、水手和法官的国家退休金，或付给警察和消防员的市政退休金是不民主的。事实上，两个主要政党似乎都极其害怕对方会在投票决定退休金方面领先。

但是"非美国式"的！我该如何应对这个草率提出的反对意见呢？这个反对意见太抽象了，以至于无法用论据来反驳。这里所倡导的公共行政制度之所以"非美国式"，仅仅是因为它目前在美国任何地方都没有作为一个整体而生效。但让我们怀抱这样的希望：接受事实并取得进步并不是"非美国式"的。我们只需要以公正、科学的精神仔细探究，所制定的制度是否建立在文明人性的真正需求和合理的愿望上，这些制度是否符合常识和普遍正义的要求。如果是这样，它也许今天还不是美国式的，但难道我们明天就不能努力使其成为美国式的吗？谄媚民众的人向他们保证，他们无须向其他国家学习，他们目前的观点和做法是最明智的。而相信民众的智慧和正确目标的人则坚信只要民众理解，他们就会采用任何已被证明比他们现在所采用的更人道、更公正、更有效的管理方法，这种人对民众的智慧和正确目标有着更坚定的信念。

论牧师的教育

1883 年 5 月

论牧师的教育[1]

　　关于牧师的教育，我接下来要写的文章只适用于新教牧师。尽管我将要阐述的许多事实和原则在欧洲和这里都具有相同的意义，但在大多数情况下，我只考虑我们国家的新教牧师。请允许我在开始时就三种可能的误解进行辩护：第一，在强调牧师需要更充分的教育时，我并不是在暗示不需要没有受过教育的牧师，世界上或许需要虔诚但未经过教育的牧师。但显然，大学和神学院的任务并不是为了培养这类人，而且无限量地提供这类传教士也丝毫不能满足对训练有素的牧师的需求。第二，我很清楚，天才不依赖于系统的培训和制度化的教育，他们自学成才；他们对平坦的大道缺乏耐心，跨越常人认为无法逾越的障碍，直奔一切训练所要达成的目标——能力。然而，无论是神职人员，还是其他任何学术性职业，都鲜有天才：在任何职业中，一千个人里都不见得有一个人哪怕有一星半点儿那种神圣的火花。实际的问题始终在于，勤奋而忠实、天赋良好的人应当如何接受培训和教育，从而使他们具备智识和道德上的优势？第三，如果在这篇文章中，我对应当成为神职人员特征的敏锐、热忱和虔诚只字未提，那并不是因为我不知道这些品质对于其工作成功至关重要。我打算只探讨神职人员的生活环境和具备的精神品质，而非他们的灵性世界。

---

[1]　本文发表于《普林斯顿评论》。

因此，我的主题可以简化为两个命题：一是新教牧师的地位和环境在一百年内发生的根本变化。二是为使其适应在现代社会中的适当位置，应该对他们的传统教育进行比以往更大的改变。

第一，就在几个世纪前，神职人员还是唯一能读会写的人，就在一个世纪前，在所有可以被称为过着学识性生活的人中，他们占了大多数。在1761年至1770年的十年间，哈佛大学毕业生中神职人员的比例为29%，耶鲁大学为32%，普林斯顿大学为45%。换句话说，所有受过教育的人中有1/3是牧师。在1871年至1876年的六年中，在哈佛、耶鲁和普林斯顿这几所大学的毕业生中，从事牧师职业的比例分别为5%、7%和17%；也就是说，这些学校毕业生中，每十三个人中才有一个成为牧师。我最近发表了一份表格，列出了哈佛大学1226名近期毕业生的职业。从这张表格中可以看出，2/3的毕业生从事了可以称为学术性的职业，即法律、医学、神学、科学研究和教育；但在这2/3的人中，只有1/13是牧师，而其他十二个人在智力和能力上认为自己与牧师完全相当。然而，如果我们要充分认识到当今牧师所面临的竞争与一百年前他的前辈所面临的竞争截然不同，我们就必须远远超越这些统计数据，考虑到一个世纪前其他被称为学术性的职业未得到发展的状况，以及当时还没有我们现在所说的报纸期刊。当时，除了牧师之外，没有为系统地培养其他任何职业人才提供的公共资源，一个有志于成为律师或医生的年轻人只能接受一些资深从业者的指导，现在在高中、学院和私立传统学校任教的男女教师在当时根本不存在。科学专业在当时甚至还没有被构想出来。法律的实践主要涉及房地产纠纷和通过监禁程序来追讨债务——当然，除了少数住在海港或其附近的杰出人士，他们能从航运或政治中获得更好的生意。医学是一门经验性的技艺，尽管有少数天赋极高的人从事医学，但理发师兼外科医生和无知的助产士并未绝迹。在这种比较中最重要的是，现代报纸、期刊和廉价书籍当时并不存在。除了极少数买得起昂贵书籍的人之外，每周的布道和祈祷会几乎是18世纪我们的祖先们唯一的智力活动。在我们这个时代，一个人四天的劳动能购买的阅读材料，就比当时普通农民或技工家庭一年所愿意阅读的材料还要多，即一份当地报纸、一份宗教报纸、一本杂志和一些廉价版的畅销书。即使在最安静的村庄，以及制造业城镇和大港口，牧师都在与这位新教师——报纸期刊竞争。报纸期刊通过定期和频繁的公共邮件为每个家庭传递信息。很明显，在过去的一百年里，在关注度和影响力方面，与牧师竞争的对手在数量和力量上都大幅增加了。

第二，让我们思考一下，当今社会的状况与钱宁出生时（1780年）的状况有多么不同，以及自革命以来发生的巨大社会变革对牧师工作产生了多么深刻的影响。为商业、慈善、礼拜、教育或娱乐目的而结成的联合原则已经得到如此广泛的应用，以至于这种扩展相当于引入了一项新原则。在过去，为了商业目的存在着合伙企业，在极少数情况下还有公司，但没有现代意义上的公司。教会是唯一的法人团体，受到国家支持。在革命时期，"工人"这个名词还未出现在词典中，因为那种人类生活方式当时还不存在。当时也没有像现在这样持续地讨论诸如酗酒、卖淫、离婚和贫困等社会弊病，也没有针对这些弊病采取的必要措施。贫富差距远没有我们现在这么广泛和深刻。我们的先辈们仿佛早在"适者生存"这一学说被发现的一个世纪之前就已经接受并默认了它；他们中间身体虚弱者死去，精神错乱者在绝望的禁锢中憔悴或发狂；穷人和懒散的人忍饥挨饿、受冻受苦。没有慈善观念扰乱他们对于上帝的审判和他降下的苦难的清晰认识。没有卫生科学让他们感到不安，提示他们认为是上帝之怒导致的结果，更有可能应归咎于人类的疏忽。在所有这些问题上，公众的信念和期望发生了多么深刻的变化啊！如今，无论多么困难的社会问题，人们都期望牧师能下定决心，并准备采取行动。然而，这些问题所涉及的弊端在其起源和发展方面极其复杂，而针对它们的补救措施众所周知难以设计和应用，起效缓慢，且在实际操作中难以贯彻到底。在这些事情上，情感是极不可靠的向导；即便是最冷静的哲学家，熟悉政治经济学、医学以及为公共道德的立法历史，也常常会出错。在这个国家，今天困扰部长们的所有这些难题都是近期才出现的，这些问题的出现基本上不会早于本世纪。当我们的祖父们正值壮年时，化学、动物学和地质学等学科还处于非常初级的阶段，而电几乎还未被发现；此外，当时自然科学还未得到普及，归于上帝的话语还未与他的杰作进行批判性的比较。

第三，我们要注意到，在一个世纪内，公众舆论在几个对神职人员职业至关重要的方面发生了惊人的变化。首先，所有权威的分量都大大减轻了，公认权威的来源与一个世纪前大不相同。牧师，就像世俗统治者一样，已经失去了过往那种神奇或通灵的品质，这种品质曾让许多人感到敬畏。在我国，牧师的神圣权力就像国王的神圣权力一样，在清教徒中早已不复存在。牧师的权威现在来源于其品格的纯洁和坚毅，源自其才智的活力与学识的渊博，以及他言辞的力量。唯有坦诚、博学、智慧和爱心才能赋予他权威。他的教袍、他的职位和他的神职身份本身已经不再像过去那样赢得人们的尊重；形式、仪式和典礼可能保护他免受粗鲁的侵犯，但却不能赋予他丝毫的权力。其次，如今的人们对一切事物和所有人都持怀疑态度，未经审视绝不接受任何东西。他们已经注意到，讨论往往能揭示真相，在许多困难问题上，争论都是有益的，而且在某些情况下集思广益胜过独断专行。因此，他们学会了不信任一切独断的教导，并在接受新教义之前等待众人的意见达成一致。我们几乎没有意识到，大众是在极短的一段时间内才养成这些宝贵的习惯，也没意识到这些习惯对牧师的地位产生了多么深远的影响。就现代人的思维而言，牧师免于即时辩论的豁免权意味着影响力的丧失。律师每天都会遇到对手，商人会遇到竞争者，政治家会遇到政敌：但没有人回应牧师，而民众认为受到保护的人或许并非强者。最后，在本世纪，政治观念对我国的神学观念产生了强烈的影响。长期以来，一直被用来阐述上帝本质的那些古老的君主制度和军事隐喻，在我们这个时代不如过去那样令人满意，因为国王、王子、征服者和万军之主等头衔，已不如往昔那般威严。"我们的国家"这几个字在我们脑海中唤起的宏伟而美好的形象，被视为比任何人间君主都更值得敬仰的对象，也是全能的上帝更好的象征。自从将多数人的福祉视为人类政府的首要目标和唯一合法目标以来，在短短的一段时间里，人们对上帝统治的观念发生了很大的变化。当人们认识到民主体制是可行的，而且即使在所有政府的正确目标得到认可的短短几代人的时间里，意识到这个政府也能够显著改善广大民众的生活状况时，他们自然就会开始怀疑人类是否完全堕落，以及众多在地球上快乐生活的物种中，上帝统治从亘古到永恒的主要目标是否仅仅是为了被选中的少数物种的福祉；他们也会质疑那些据称包含此类教义的所谓启示的真实性，并且不再信任那些教义似乎与人民珍视的政治信念和希望背道而驰的宗教导师。在过去，宗教由于对自身和政府的功能存在误解，曾支持专制权力。在当今时代，自由政府的原则正在削弱宗教的虚假教条，但真正的教义并未受到影响。英国国教牧师要想重新获得本国人民的影响力，就必须使教会的公认教条与人民的政治信仰相一致。一个民族的宗教与其政治之间的这种密切关系并不是什么新鲜事物：它可以在所有伟大民族的历史中看到，并且很可能会继续显现出来，正如培根子爵所说，"宗教是人类社会的主要纽带"。

现在，在这一方面，我们谈到第四个原因，来谈谈本世纪内引起牧师地位相对变化最重要的原因，即物理和自然科学的兴起和发展。在这个新领域里，人类所积累的实际知识是巨大的，人类控制自然的力量大大增强，由此带来的人与人之间以及人与物质世界关系的变化，包括人类利益和同情心的惊人扩展，从迷信中解脱出来，以及人类前景和希望的升华，都是对人类至关重要的事实。尽管这些事实令人震惊，但在我们目前的讨论中，它们并不是我们最关心的。我们现在要观察的重要一点是，在自然科学的发展过程中，逐渐形成了一种新的探究方法或精神，其特点是探究者在探究过程中绝对不受先入为主的观念或对其预期的影响。这种精神只追求事实，丝毫不顾及后果。任何为了迎合先入为主的理论、希望或愿望而对事实进行歪曲或掩盖事实的行为，任何对调查实际结果的篡改，都是不可饶恕的罪过。它是一种既谦逊又无畏的精神，对细节有耐心，不区分大事小事，只区分真假；冷静却精力充沛，敢于冒险进入人迹罕至的荒原，只为带回一个事实。只关心真理，坦诚如平静的湖泊，充满期待、无拘无束且不知疲倦。

> 他亲手所成之业，
>
> 既不夸赞也不悲叹：
>
> 事实本身即为其辩护；
>
> 犹如无悔的大地留下，
>
> 其每一项杰作。

在过去的六十年里，受这种真诚和真理精神的激励，科学研究者们取得了非凡的成就，而这种坦诚的精神本身又如此令人钦佩，知识界已将其视为所有学术领域研究的唯一真正灵感。现在没有其他的探究方法能赢得尊重。为既定结论寻找证据，即使是无知的人也已学会了鄙视这种行为。如果辩护术曾经能说服任何人，那么现在它已经失效了。因此，文明世界树立了一个新的知识真诚的标准，而新教神学家和牧师们必须达到这个标准，如果他们想继续赢得人们的尊重的话。当外交成为另一种学术职业时，这个职业的处境又是多么的不同啊！即使是律师职业，当它逐渐与神职人员区分开来时，也未对思想上的忠诚和独立提出如此严格的要求。正是科学的电光使整个学术殿堂变得光亮而透明。

这些言论意味着，牧师作为一个阶层，以及由于他们通常的教育方式和入职方式，尤其容易在才智上缺乏坦诚，而这正是我和数百万有思想的人的共同观点。我进一步认为，这种由大量受过教育的人（其中大多数人对这个话题保持沉默）所持有的信念，是过去四十年来牧师地位下降的一个重要原因。这种错误既是教会或教派的错误，也是个别牧师的错误。因为几乎每个教会或教派都努力将其成员，特别是牧师，束缚在一种信仰、一套教义或一系列公式之中。这些束缚大多在牧师年轻时就被强加给他们，并且必须终身背负，否则就有可能失去所爱的团体，甚至可能失去生计。五十年来的学习、阅读和经验被认为不会对年轻人的思想产生根本性的改变。信仰或教义可能有些粗略且有弹性，但老实说，无法大幅度地修改。现在，世俗世界相信知识的进步，因为它见证了这种进步，并且人们坚信，神学与其他所有学科一样，必然会不断进步。人们看不到哲学家、医生、历史学家、化学家、动物学家或地质学家在年轻时就形成了一套观点，并伴随终身，甚至一天也不曾改变。相反，人们看到所有这些学科的学者都公开表示，他们会因新事物的发现或对旧事物有了更好的阐释而改变原先的观点。而且，一般来说，随着年龄的增长，他们在重要方面实际上都会修改自己的观点。实际上，在学者中，固执己见的人几乎是不值得尊敬的。如果有人说神学不可能进步，因为启示是一个封闭的历史体系，因为启示必须像创造一样，必须是变化的。换句话说，对人心灵的启示的解释必然如同对创造的解释一样，永远在流动、在变化。如果人类的思想在进步，这种解释也在进步。在所有职业中，神职人员面临的才智不坦诚的巨大诱惑；同时，公众对才智坦诚的标准也比以往任何时候都高。正是这种情况使得许多有能力和独立性的年轻人不愿进入这个行业，这也是公认的合格牧师匮乏的原因。毫无疑问，公众舆论对这个行业并非完全公正，而且无疑那些阻止有前途的年轻人进入神职的弊端，并不像他们认为得那么严重。但严峻的事实依然存在，在这一方面，普通民众的态度对该职业不利，而且有能力的年轻人因目睹这种弊端而望而却步。

最后，值得注意的是，与上个世纪相比，牧师的地位不太稳定，他的生计也没有以前那么有保障。一方面，他现在对教众的掌控完全是个人性质的，既没有得到国家的支持，也没有得到任何教会权威的支持。另一方面，现在牧师的平均薪酬与主要生活必需品的价格相比，比上个世纪要高得多，而且在这个行业中，还有许多在金钱和地位方面都非常有价值的奖励。鉴于这些众多的奖励和较小的竞争，这个职业在经济上并不是没有吸引力的。吸引有抱负的年轻人进入这一职业的，不是任何学术职业的平均收入，而是其中为数不多的丰厚奖励。

1824 年，钱宁在为其同事主持授职典礼时说："传播道德和宗教真理是赋予人类最重要的职责。"四十四年前的那个夏天，爱默生对哈佛神学院的高年级学生说："你们打算致力于这项神圣的职责。我希望你们能感到你们的召唤是出于渴望和希望的悸动。它是世界上首要的职责。"这两位先辈的意见完全是基于观察、理性和经验，他们做出的判断是古往今来全人类的判断，从来没有任何事情使其失效，而人类在知识和力量方面取得的每一次进步都证实了这一点。毫无疑问，这个职位的地位很高，如何使人们能够胜任这个职位却是一个现实的问题。传教士的工作现在比以往任何时候都更加困难，但也更加崇高，理应更具有吸引力。他的听众在智力水平、兴趣范围和求知欲方面的提高对他来说是一种收获，而非损失；他在精神生活中比前人拥有更多的同伴，这应该让他感到满足；他有许多值得尊敬的竞争对手，他们带着各种各样的信息来争夺公众的注意力，这对他来说不应该是一种阻碍，而应该是一种激励；现在对牧师在实际事务中的知识和判断力的要求比以前更高，这应该只会促使有志者做好准备以满足这些要求；在该职业中，外在的殊荣已无关紧要，这应该让他感到高兴。毋庸置疑，过去一个世纪的政治变革是向好的方向发展，科学的进步使地球成为一个比以前更加愉快和舒适的家园，而现代社会比以往的任何社会都更值得我们去宣传。物质福利得到了惊人的增长，但"人不能只靠面包生活"的这一道理，现在比以往任何时候都更加清晰。许多新的道路已经为精力充沛的人敞开，这条道路能够使他们出类拔萃、有所作为，但真正的牧师从未像今天这样拥有如此高的地位和如此巨大的影响力。正如爱默生在上述演讲中所说，"向人们履行牧师的职责，无论你在场还是缺席，你都会像天使一样被爱所追随"。

因此，这是一个实际且适时的探究：年轻人怎样才能得到比以往更好的训练，以履行牧师的职责；如何修改和扩大牧师的传统教育，使其能够满足现代社会对他提出的新要求？现在来讨论我主题的第二个点，即为了使牧师适应现代社会的工作，我们应该对该职业的传统教育进行重大改变。

首先，如果神学研究想要得到公众的尊重，那么它必须在教师和学生之间享有与其他学科相同的自由。这一基本原则并不意味着，如有些人所认为的那样，神学教师（我在此使用最宽泛的术语）没有信仰，或者至少不表达出来。它仅仅意味着教师有自由去思考和说出他认为好的任何事物，并随时改变他的想法；而学生也有自由去研究问题，并可以自由地采纳最符合其判断的任何观点或理论。这种学术自由在大学以及大到足以成为多元化智力活动中心的城市中，远比在孤立的宗派神学院中更容易获得。因此，我很高兴地看到，越来越多的神学学生在美国选择进入大学和位于大城市的神学院。

其次，有两种做法极大地损害了牧师在公众眼中的形象，应该予以制止：第一，用宗派社团的资金资助在学院或大学就读的男生，条件是这些受益者将来必须从事牧师工作；第二，在神学院资助那些智力低下、身心或道德薄弱的年轻人，并最终将他们强加给各个教区的做法。在公众中普遍存在这样一种观念，即由于提供诱人的高等教育机会，男孩们才倾向于投身神职工作，能力不足和品行不端的人会因长期提供的免费食宿和教育而被吸引进入神学院。这种看法给新教神职人员造成了难以估量的伤害。这种观念损害了牧师职业的声誉，这是最关键的，因为它削弱了人们对牧师真诚的信任。由宗派神学院提供的普通神学培训的免费性质本身就是对新教神职人员的损害。总体而言，如果只有那些父母有能力供养的年轻人，以及那些有能力和精力自食其力的年轻人才能进入这一职业，对这一职业来说会更好。这些测试构成了一种自然的选拔方法，长期以来，其他学术性职业都采用了这种方法，并受益匪浅。对于那些确实优秀且有前途的贫困青年，应该破例给予照顾，他们应该通过令人信服的能力和性格测试来为他们颁发奖学金。❶ 人们非常希望那些并非完全依赖自己收入的年轻人——例如，家境富裕的人——能够进入牧师行业，就像他们不断进入法律和医学领域一样。除了提供体面的生计之外，这个行业还能提供很多其他的东西：它能让合适的人得到尊重，有价值感，并享有将自己奉献给人类最高尚事业并让自己的心灵充满伟大思想的巨大特权。一位年轻男

---

❶ 在我看来，受益捐赠的有效性似乎取决于对以下管理规则的严格遵守：1. 不应仅仅根据推荐信或证书提供资助，也不应在奖学金和品德的满意测试之前提供资助。2. 所有奖学金都应以成绩为基础，而且只以成绩为基础。3. 除了那些在身体、智力和道德方面毫无疑问且有前途的人，否则不应给予任何资助。4. 应要求受助者以优异的成绩作为对资助的即时回报。5. 除非是针对那些看似有能力促进知识进步而深入研究的优秀学生，否则不给予全额奖学金。6. 所有奖项都应是公开的，奖项的条件应在各个方面都旨在表明受助是光荣的行为。7. 也不应期望他们提供其他学生不需要提供的服务或遵守的规定，除非他们确实能够协助教学。我认为，我区一些最重要的教育机构和神学院拥有的大量奖学金被不加区别地使用，给神职行业造成的损害并非无法补救。但在这种损害能够得到纠正之前，负责此类捐赠的管理者必须认识这些弊端。

子，若稍有资产，或其父母能够供养他，就像父母多年供养年轻的律师和医生那样，那么他投身神职工作就具有一项巨大优势，胜过那些除了薪水之外没有其他生活来源的人：大家都知道他不依赖与信众的金钱关系，这种公认的独立性增强了他们对其真诚和无私的信任。

再次，让我们思考一下一位牧师应当具备怎样的精神素养。在我们这个时代，牧师候选人应该学习的课程可以分为两类：一类是必修课程，另一类是选修课程。在任何一所知名大学里，我即将列举的所有课程都会在相应的教学点讲授，对于我们的目的来说，学生在哪个院系找到他需要的老师并不重要。但由于许多必修科目在普通神学院根本不开设，所以打算进入一所与大学无关联的神学院的学生，有必要到别的地方修习预备课程。在真正意义上的大学中，一个热忱的学生应该能够毫不费力地在攻读文学学士学位的过程中掌握所有必需的预备课程，并将这些课程的学分计入该学位的学分中。依我之见，每位神学学生都应当被要求掌握的初步课程如下：

1. 语言：希腊语（包括新约希腊语）、拉丁语、希伯来语和德语。

2. 英国文学，包括写作实践和文体研究。

3. 心理学基础。

4. 政治经济学基础。

5. 宪法史，或某个中等长度的有趣时期的历史。

6. 科学：植物学、动物学或地质学，在实验室和野外进行研究。

除了英语之外，语言方面的要求是目前神学院中通常强制执行的唯一要求。在学习所有这四种语言时，应将获得合理的阅读能力作为主要目标。这些语言学习对于训练、获取思想和信息都很有价值，就拉丁语和德语而言，还可以获得用这两种语言编写的书籍以研究其他学科的能力。无论他的教众是否接受过教育，牧师很需要对英国文学有全面而批判性的了解，但很少有人能做到这一点！目前，神学院并没有对此课程提出要求，而且由于许多美国学院对此关注甚少，文学学士学位并不能证明毕业生有足够的机会系统地学习英国文学。如果有人说这个课题可以留到以后通过自学来完成，我会回答说，没有哪一门学问比它更需要良好的指导，并非每个教区都能使用大型图书馆，而且把这个课题留待每个人日后研究的做法，已经试行很久，发现完全行不通。牧师应该了解一些与心理现象相关的科学知识，这一点无须强调。政治经济学的基本原理知识在几个方面对牧师会有帮助：第一，能在慈善和改革事业中为其提供指导；第二，能防止他在贸易、金融、税收、资本、劳动力以及类似话题上犯公众性错误，因为这些话题对于他的某些教区居民来说，可能比他自己还要熟悉；第三，抵消他惯常研究中过度偏向感性慈善的总体倾向。牧师的基础教育应当包含一部分政治史，以便他能尽早学会如何研究所有历史。英国或美国的宪政史，或者某个重要时期的历史，比如宗教改革时期、英联邦时期或法国大革命时期的历史，都能达到这个目的。教学方法比课题的选择重要得多。第四，牧师应该在年轻时就对自然史的一个分支有深入的了解，以培养他准确观察和描述的能力，并学会理解科学思维方式和科学研究方法。敏锐的观察力对牧师来说和诗人一样重要。受过教育和未受过教育的人都尊重这些能力，并享受它们所带来的成果。人们会很高兴地听他描述他们经常看到但从未留意过的事物，并从他们一直知道但从未联系起来的事实中吸取新的教训。对自然清醒的热爱奠定并强化了对上帝的爱和对人的爱：这些情感是相互关联的。若被割裂，它们就会受损。没有宗教教师能够避免需要处理人与上帝和自然关系的时刻，因为这些主题对简单和受过教育的心灵都具有极大的吸引力。如果牧师对自然界广阔领域中的某个小领域有深入了解，他将能够更明智地处理这些重大主题。

在完成了初步必修课程学习之后，准备从事牧师职业的候选人就可以开始进行可恰当地称为专业的高级学习了。由于布道将是他最重要的职责，他自然会花相当一部分时间在学习讲道、写作和演讲的实践上。现在包含在"神学"或"神学分科"这一综合术语下的其他课程可以归纳如下：

1. 闪米特研究——语言学、考古学和历史学。

2. 新约圣经批评与注释。

3. 教会历史。

4. 比较宗教，或比较历史宗教。

5. 心理学、伦理学和宗教哲学。

6. 系统神学及基督教教义史。

7. 慈善和改革方法，以及基督教社会与放纵、酗酒、贫困和犯罪之间的斗争。

仅仅列举这些课程就会让任何有理智的人相信，如果通常只给予三年时间进行神学学习，那么必须在这些课程组中进行选择，否则无法对任何课程有透彻的了解。这些课程涵盖范围广泛，足以满足各种不同的兴趣和能力：它们包括语言学、历史学、哲学和实践方面。在我看来，除了讲道和初步要求的学习之外，对这七个组别中的任意三个进行深入研究，都能为当今新教牧师的职责提供比我所了解的任何神学院更好的培训。可能有人会反对这个方案，认为这可能会让那些从未研究过教会历史、新约批判甚至系统神学的人获得神学学士学位并登上讲坛。这种结果是有可能的，而且本身肯定是不理想的，但让我们看看这个体系的补偿性优势。首先，让我强调对一两个有限课程进行详尽研究的重要性，因为这样的研究会对整体的精神和道德产生深远的影响。那些轻率肤浅的学生往往自负、狂妄和鲁莽，而大师则谦逊、低调且谨慎。其次，我要指出的是，神学领域已经如此广阔，以至于即使是以最快的方式也没有人能在三年内全部掌握，而且这个领域每天都在变得更加广阔，因为一些旧的主题在不断扩展，新的主题也在不断增加。试图覆盖这样一个领域是徒劳的。最后，请注意，在培养年轻牧师的过程中，我们的目标是传授能力而非知识，而获得心智能力最重要的一步是在工作中获得正确的方法以及确立正确的成功标准。在认真研究我大致划分的当前神学课题中的任何一组时，都有可能习得正确的工作方法，因为在所有领域中，真正的研究精神都是相同的，即现代科学所具有的自由、公正、无畏和忠实的精神。

牧师的教育不应该以神学院毕业为终点，而应该像教师或医生一样，延续到他生命的最后一天。他必须不断地学习和成长。为此，他必须每周抽出时间进行阅读和学习，而且他应该持续一些比写布道词更具连续性和博学性的工作。大多数牧师都会才思枯竭，或者像展览会上那只从小盒子里抽水的泵一样，一遍又一遍地抽取同样的水。为了防止这种危险的出现，牧师必须日复一日地从文学、科学和艺术这些活泉中汲取养分。教会对牧师的才思枯竭负有很大责任：他们每周对牧师的礼拜要求太多；他们让牧师拘泥于形式；他们希望牧师进行牧区访问；他们给牧师的假期不够；他们驱使或引诱牧师养成长时间、不加思考演讲的致命习惯。

如果牧师有时能够坦率地对一本新书发表评论，而不是布道；有时能够阅读别人的讲道词，而不是自己的；一般来说，能够引导听众阅读好书，让他们了解古今领袖的思想和作品，那么牧师与信众之间的关系将会得到极大的改善。明智的教授或教师认为，指导学生阅读是他职责中非常重要的一部分，他努力使学生的阅读范围尽可能广泛。如果被迫只能给学生讲课，而不能为他们做其他事情，他会觉得自己仿佛被抛回了中世纪。讲坛在这方面的习惯是印刷术出现之前黑暗时代的遗留。有人可能会反对这一观点，认为宗教教师与世俗教师不同，他只需要一本书——《圣经》，事实上，英国国教会还会加上《祈祷书》。持这种反对意见的人大概主要把牧师视为公开的朗读者，因为倘若他承认牧师也可能是阐释者或评论者这一观点，那么对各种评论或阐释的需求便会即刻产生，其他书籍也会因此被引入。福音派宗教出版社大量的出版物为这一反对意见提供了最现成的答案。并非每个有能力且受过良好教育的人都能原创出大量有用的思想，那些明智地引述、精心编纂并且知道从何处借鉴的人，也能做出很好的贡献。一个技艺高超且诚实的优质精神食粮提供者是无价之宝，如果一个教会发现其牧师具备这种优秀提供者的天赋，那么他们应该感到非常幸运。

最后，牧师的教育应该贯穿其一生，他必须拥有思想和言论的自由。许多牧师都不敢自由地阅读和研究，唯恐自己会脱离得体的牧师形象。教会没有给他们的牧师足够的成长空间。他们让一个刚从修道院出来、对世界知之甚少的 25 岁年轻人，去宣布一套关于人类思考和经验的重大主题、发表一系列观点，并要求他终生坚持这些观点。对于那些在无关紧要的问题上改变观点的情况，只要是一个谨慎且公正的人，都不会认为这些改变对基督教的品格或正确的生活方式至关重要。牧师会发现自己不得不离开一个教派而在另一个教派中寻求庇护，或者离开一个教堂而进入另一个教堂，而每一次改变都会招致指责和冒犯。其他学术性职业并非受到如此阻碍，如果新教牧师群体要在现代世界中立足，就必须拥有并相信自己有自由成长的空间。至于新教教派的教义和信条是否会由宗教会议或教会会议重新制定，无人能知晓，探究此事也并非十分重要，因为所需的自由或许能通过单个教会、小型宗教会议或地方大会的悄然行动来获取，其效果与更广泛的行动效果相同。当新教教会清楚地认识到，在绝大多数受过教育的普通信徒眼中，对教义的牵强附会和视而不见是道德败坏和令人不齿的行为时，他们就会寻找一些补救措施，以消除滋生这些行为的不良环境。他们自身的历史很可能会促使他们赋予牧师一定的合理的个人判断权。

什么是人文教育？

1884 年 6 月

什么是人文教育？

在过去的250年间，知识的普遍增长以及新文学、新艺术和新科学的兴起，使得重新定义人文教育成为必要，从而也需要扩大文学学士学位的含义，因为这一学位通常是人文教育的证明。这一古老学位的意义已经悄然经历了许多重大的修改，现在它应当从根本上且公开地做出改变。

获得文学学士学位的学习课程通常需要七到十年，其中四年在大学度过，三到六年在中小学度过。就我目前的目的而言，这一漫长的课程应被视为一个整体。我首先希望证明，对于这一备受重视的学位，有许多中小学和大学的课程可被同等权重或等级地纳入考量。学位的范围需要大幅扩大；其次，在可接受的课程中，应该允许从比目前通常允许的更早的年龄开始，就有相当大的选择范围；最后，现有的学习顺序应在重要方面做出改变。"具有同等权重或等级的可接受学习课程"这一表述需要一些解释。我用它来描述那些以同等的谨慎和完整性教授的课程，它们受到相同规定的支持，并为各自的追随者赢得在学术竞赛、荣誉和奖励方面的准入资格，以及同等获得人文教育的传统目标——文学学士学位的课程。并列的学习课程在各方面必须处于平等地位：对于两门课程，如果一门是必修，

---

❶ 本文于1883年2月22日在巴尔的摩的约翰斯·霍普金斯大学成员面前宣读，后发表于1884年6月出版的《世纪》杂志。自1876年成立以来，约翰斯·霍普金斯大学有效地推动了本文所倡导的许多改革。

而另一门是选修；如果一门得到详尽和全面的教学，而另一门仅涉及基础知识；如果通过一门学科可以获得荣誉和奖学金，而另一门则不能；如果一门可以计入宝贵的文学学士学位，而另一门仅能计入低等得多的理学学士学位或哲学学士学位，那么这两门课程就不是并列的——它们没有相同的学术权重或等级。

刚刚阐述的这三个主要主张所导致的后果，乍一看令大多数在现有制度下接受教育的人感到反感。例如，由此会得出这样的结论：孩子们可能不会接受他们父辈所接受的那种培训；在同一机构接受教育的年轻人或许并不知晓相同的学科，无法确切地共享相同的智力乐趣，也不会养成相同的趣味；文学学士学位将不再表明近三百年来它所代表的含义——每位获得者都将大部分训练时间投入拉丁语、希腊语和数学上。这种导致此类结果的提议不可避免地会冒犯所有天性保守的人。大多数受过教育的人普遍认为，他们所学学科不可或缺，这加强了人类在教育方法方面的普遍保守主义。这种有用的保守主义牢固地建立在这样一个普遍事实上：一代人要通过教育机构传授给下一代的任何东西，通常必须得到上一辈相当一部分人相当精确的理解。因此，一门新学科只能极其缓慢地挤进被称为人文学科的圈子。例如，在欧洲广泛复兴后，过了一百多年希腊语才在巴黎和牛津作为学术课程的常规组成部分确立下来；尽管罗伯特·波义耳在 1660 年发表了他的《关于空气弹性的新实验》，拉瓦锡在 1783 年分析了水，加尔瓦尼在 1790 年发现了动物电，约翰·道尔顿在 1808 年发表了他的《化学哲学新体系》，但物理和化学还没有完全被纳入该课程体系中。实际上，当我们展望未来时，教育进步的障碍看起来似乎如此坚固和不可逾越，以至于当我们回首过往，会发现所取得的进步在时间上竟是如此短暂，这真令人惊讶。

普遍的看法是，数学是教育中不可缺少的、普遍的组成部分，拥有悠久的历史和崇高地位。但是，当我们仔细研究目前美国数学的教学内容时，我们发现它们都是近来的发明，与希腊几何学和圆锥曲线等直到17世纪才与算术一起代表数学的学科截然不同。因此，它们所提供的智力训练也迥然相异。正如惠威尔四十年前所指出的那样，现代数学——代数、解析几何、微分和积分学、分析力学和四元数——几乎使古老形式的数学科学黯然失色。莱布尼茨在1684年出版了《微积分规则》，牛顿在1711年出版了他的《流量法》，欧拉在1768年至1770年出版了《积分学基础》；但是拉格朗日、拉普拉斯、蒙日、勒让德、高斯和哈密顿，我们现在所说的数学科学的主要传播者，都生活在本世纪或本世纪初。这一在获得学士学位所需的学习课程中早已确立的组成部分的名称虽然古老，其本身却是新的。惠威尔在其题为《论人文教育》的专著中，对数学的教育价值进行了冗长的讨论，以下是从其结论中简短引述的一段内容，它将解释并强化这样一个论断，即欧几里得和阿基米德的数学所提供的思维训练，与如今几乎被独家使用的分析数学所提供的思维训练本质上是不同的：

> 基于所有这些原因，我斗胆断言，虽然我们认为数学作为一门永久性的学科，对于培养人的理性具有不可估量的价值，但我们也必须认为，数学的几何形式必须特别加以保留和维护，因为这是这项工作的基本要求。分析数学根本无法满足这一目的，如果试图这样使用它，不仅毫无价值，而且对人的思想也极为不利。

惠威尔所谴责的现代分析数学，实际上是目前美国唯一普遍使用的数学。

同样，显而易见的是，本世纪拉丁语学习的精神和方法与前几世纪大不相同。本世纪，拉丁语被当作一种死语言来教授（也许在意大利和匈牙利部分地区除外），而以前则是作为活的语言来教授，是所有学者，无论是世俗的还是宗教的共同使用的语言。那些主张古典教育的人认为，死语言必须比活语言具有更多的训练价值，但他们恐怕不会对我们这个世纪之前任何一个世纪中流行的拉丁语教学和学习模式感到满意。无论如何，当年轻的学者不仅学会阅读拉丁语，而且学会流利地书写和应用口语时，拉丁语所提供的就是一种不同的训练。

接下来我斗胆询问，希腊语在公认的人文教育体系中占据现在的位置有多长时间了。尽管对希腊语的研究于 1400 年就在意大利扎根了，并且在 1453 年君士坦丁堡陷落后迅速传播开来，但很难说它在 1458 年之前，在巴黎已成为一门值得学者关注的学科。在牛津，希腊语直到 15 世纪末才受到学者关注。在 1458 年后的许多年里，希腊语在巴黎的教学收效甚微，其教授大多是外国人，被排除在大学管理层的特权之外。事实上，这门学科似乎长期处于我们现在所说的课外学习状态，其教师的地位与美国大学现代语言教师的地位相当，未被纳入教师编制。格罗辛、利纳克尔和拉蒂默在佛罗伦萨学习了希腊语，并在 15 世纪末将其引入牛津大学，但安东尼·伍德说，格罗辛是自愿授课的，没有任何报酬。可以肯定的是，1578 年剑桥大学为本科生开设的希腊语课程从语言基础开始，而且很有可能，直到 16 世纪末，希腊语在英国文法学校才真正占据一席之地。巴黎大学于 1600 年通过的法令规定，文科研究的内容包括拉丁语、希腊语，亚里士多德的哲学和欧几里得的几何学，并且规定希腊语是法学院入学的必要条件之一。然后，希腊语与文学花了两百年时间，逐渐在很大程度上取代了长期以来被视为人文教育主要支柱的经院哲学和经院神学，而这种取代是在经过冗长而艰难的斗争之后才得以实现的，18、19 世纪的新知识正是通过这种斗争才赢得了学术界的认可。复兴的古典文学遭到强烈而真诚的反对，被认为是轻浮、异端且对学科毫无用处的，正如现在的自然历史、化学、物理学和现代文学所遭受的反对一样。当时保守派使用的论据与今天保守派提出的论据完全相同，只是当时这些论据是用来反对古典文学的，而现在则用来支持它。不要以为在 12 世纪到 16 世纪受过教育的人眼中，失去大部分由希腊语赢得的阵地的经院哲学和神学看起来和我们现在一样。它们是智者、学者和虔诚者的主要乐趣所在；它们至少是十二代人最好的精神食粮；它们激发了欧洲人对学习的热情，这种热情在后来的几个世纪里几乎无人能比。当 12 世纪初阿贝拉尔在巴黎任教时，成千上万的学生聚集在他的讲台周围；当多明我会的托马斯·阿奎那在 13 世纪中叶写了他的《神学大全》并在巴黎、博洛尼亚、罗马和那不勒斯演讲时，他有巨大的追随者。三个世纪以来，他的名声和影响力不断增长；当方济各会的邓斯·司各特在 14 世纪初于牛津授课时，来牛津大学求学的学生人数似乎比以往任何时候都多。我们可以肯定，这些奇迹并非凭空而来。尽管如此，经院神学和形而上学在很大程度上被取代了。三百年来，古典文学一直占据着主导地位。

确凿的历史记载显示，在被称为文科的课程列表中，以及在人文教育体系中，很早之前便发生过一次根本性的变革。当伊拉斯谟还是学生的时候，也就是在 15 世纪最后 1/3 的时间里，在希腊语被纳入文科范畴之前，常规的十二年学习课程包括阅读、算术、语法、句法、诗歌、修辞学、形而上学和神学，所有这些都用拉丁语授课，其中形而上学和神学占据了全部学习时间的一半，贯通了整个大学学习阶段。但在 11 世纪，阿贝拉尔创立经院神学之前，权威性的文科学习课表截然不同。它仅用一行字列出：语法、修辞学、逻辑学、数学、音乐、几何学、天文学。大多数学生对前三门——语法、修辞学和逻辑学——感到满意；少数学生还会学习数学、音乐、几何学和天文学，如果这些庄严的名称可以恰当地应用于那些以晦涩难懂的拉丁语翻译的希腊和阿拉伯原著中，构成奇特事实与幻想的混合物，那么它们就被视为科学。正是这个享有特权的领域，在 12 世纪初被经院神学成功地涉足。涉足之所以成功，很可能是因为当时宗教是唯一可以系统研究的学科。

这种简略的回顾首先表明，如今一些通常被称作文科的学科，其当下的卓越地位存续时间并不长；其次，在过往，新的学问尽管遭遇了保守派的反对，以及既有教师和学术团体更为激烈的抵制（他们的地位总是被认为会受到新学科兴起的威胁），却还是一次又一次成功地取得了充分的学术地位。历史告诉我们，在敦促现代文学和科学作为文科得到充分认可方面，可以更大胆地加以推进。

我认为，第一个有资格获得与目前最受尊崇的任何学科同等学术价值或地位的学科是英语语言和文学。当希腊语开始在欧洲复兴时，英语才刚刚获得文学形式；但当希腊语在文科中赢得其现在的地位时，莎士比亚已经出现，英语已经形成，而英国文学也即将成为最伟大的现代文学。拥有庞大的诗人、哲学家、历史学家、评论家、批评家、讽刺家、剧作家、小说家和演说家的队伍，英语的现状如何呢？毫无疑问，英语文学无疑是世界上见过的最丰富、最多样、最辉煌的文学，而英语，只是该文学的语言。希腊文学与英语文学的比较，就像将荷马与莎士比亚相比，也就是说，如同幼稚的文明与成熟的文明相比。还可以进一步说，英语是凭借性格力量、进取心和财富而在世界上占据突出地位的国家的母语，而这些国家的政治和社会制度也比人类迄今为止所创造的任何制度都更具有道德意义和更大的前途。除了英国天才的原创作品外，还应将其他文学（无论神圣的还是世俗）的所有杰作翻译成英语。很少有学者不是通过英语，而是通过希伯来语、希腊语或拉丁语来了解犹太人、希腊人或罗马人的。

现在，既然我们的年轻人可以接触到所有这些美妙的宝藏，那么美国中小学和大学在英语教学方面的地位如何呢？英语文学在学校课程中占据首要地位吗？绝不是，充其量也只是次要地位，而在许多学校则根本没有地位。英语在我们的学院中是否与希腊语或拉丁语具有同等的地位？绝不是，无论是在教师和学生的数量及地位上，还是在师生对这一学科的重视程度上，或者是在学生为获得学位而投入的时间上，都不能相提并论。就在几年前，美国大学对考生的英语知识没有任何要求；现在，虽然一些大学对英语有些许的要求，考试的主要结果却证明这个国家精选的青年普遍存在对自己语言和文学可悲无知的认识。我们还会像往常一样被告知，学习英语的最佳方式是学习拉丁语和希腊语吗？答案是，事实并不支持这种不切实际的假设。大量的美国青年学习拉丁语和希腊语，但并没有因此学会英语。此外，这种假设显然不适用于文学。我们还会像往常一样被告知，不经过系统的努力就可以获得英语文学的知识吗？事实上，美国青年并没有无师自通地获得这种知识；从来没有任何充分的理由认为他们可以做到这一点，因为对于一个普通的年轻人来说，掌握英语文学的知识不是一件容易的事，而是一项艰巨的任务——不是一种娱乐性的阅读，而是一种严肃的学习。事实上，没有任何一个学科能像英语这样，其专业指导和系统教学具有如此巨大的价值。过去十年间，哈佛大学一直在努力，首先，激发预科学校对英语的重视；其次，发展和完善本校的英语教学。但到目前为止，其成效甚微。预科学校对英语重视不足，以至于哈佛大学在英语上投入的一半时间、劳动和资金，都必须花在基础知识的教学上。此外，就在今年，哈佛大学的英语教学课时，在数量和质量上，都不到希腊语或拉丁语教学课时的一半，其他所有学院和大学的经验也在这方面与哈佛大学相似。

这种对美国学校和学院中最伟大文学的相对忽视，无疑是一个引人注意的现象。这该如何解释？第一，英语及其文学相对较新：引入新的知识主干需要两三百年的时间；第二，真正教好英语很难——这一难题直到最近几年才得以解决；第三，在 14 世纪和 15 世纪，复兴的希腊语和拉丁语文学以耀眼的光芒冲击着西欧人的思想。由于习惯、传统、继承的品位和流行的观念的影响，当今的教育实践仍然沿用着 17 世纪的模式。

当时的学者们在黑暗中看到了一束耀眼的光芒，他们崇拜它；而我们，作为他们的第九代子孙，在更伟大的光芒照耀下，依然在同一座圣殿里崇拜它。让我们继续在那里崇拜吧，但至少让我们对后来燃起的那些光辉致以同等的敬意。

接下来，我主张法语和德语应与希腊语、拉丁语和数学在学术上处于平等地位。这一主张并非基于这些语言对信使、游客或商务旅行者的实用性，也非基于它们作为语言的优点，而是基于这些文学的伟大和价值，以及一个无可争辩的事实，即无论学者的研究领域是什么，熟练掌握这些语言对学者来说是一项不可或缺的阅读能力。直到一两百年前，学术界还有一种通用语言，那就是拉丁语，这样，所有欧洲国家的学者都拥有完美的交流手段，无论是口头交流、书面交流还是印刷交流。但是，民族精神的培养和民族文学的发展导致了拉丁语作为学术通用语言的废弃，并迫使每一个想要超越自己学科基础的学生，除了拉丁语之外，还必须至少掌握法语和德语的阅读能力。事实上，当今的优等生可以放弃拉丁语，但无法放弃法语、德语或英语。因为尽管任何学科的古老出版物可能用拉丁语印刷，但最新的出版物（很可能包含所有旧时的精华）将用这些现代语言之一来印刷。我再怎么强调法语和德语对于美国或英国学生的不可或缺性都不为过。如果不懂这两种语言，他在与同龄人交流方面会比 17 世纪能读写拉丁语的学生更糟糕，因为通过拉丁语，1684 年的学生可以直接与那个年代的所有学问进行交流。据我所知，美国学者对在青年时期掌握这两种语言的必要性上并无分歧。语言学家、考古学家、形而上学者、医生、物理学家、自然学家、化学家、经济学家、工程师、建筑师、艺术家和音乐家都一致认为，要想在各自学科的基础知识之外进行深入研究，掌握这些语言是必不可少的。每一位提供全面课程教学的大学教授——无论在哪个院系——都会发现自己不得不让学生参考法语和德语的权威资料。在任何现代实验室的参考书库中，无论是化学、物理、生理学、病理学、植物学还是动物学，都会发现大量书籍是用法语或德语写成的。在语言学家、考古学家或历史学家的图书资料室中也看到了同样的情况。如果不了解这两种语言，就无法理解现代工业、社会或金融方面的全球经验，也无法掌握任何依赖现代科学应用的职业。我并不是在提出功利主义的论点，而是根据法语文学和德语文学的丰富性和价值，以及这两种语言对所有学者的不可或缺性来主张法语和德语应获得完全的学术平等地位。

既然在早期阶段向所有年轻学者教授法语和德语有如此充分的理由，那么美国中小学和大学对这些语言的教学状况如何呢？为了回答这个问题，我将描述耶鲁大学法语和德语的教学状况。耶鲁大学在美国高校中处于领先地位，这一点我无须赘言。耶鲁大学在录取时并不要求学生具备法语或德语知识，而且在大学三年级开始之前也不提供这两种语言的教学。在大学三年级，学生必须学习德语，也可以选择学习法语，每周各四小时；在大学四年级，学生可以选择学习任何一种语言，每周四小时。换句话说，耶鲁大学并没有建议预科学校应该教授法语或德语，也没有给学生提供及时学习这些语言并将其应用于其他研究的机会，更没有在他们获得学士学位之前提供足够的机会让他们熟悉任何一种语言的文学。我们还能有比这更有力的证据来证明法语和德语在我们大多数中小学和大学中的没落状况吗？最近，有几所大学在录取时要求学生具备少量的法语或德语知识，也有几所学校满足了这一非常适度的要求。但总的来说，美国男孩上大学后会将两到三年的时间完全投入希腊语和拉丁语的学习中，而在学校时几乎不学习法语和德语，在大学里也只是在课程的后半段部分的时间学习。我们学校和学院中学习希腊语和拉丁语的机会和设施并不充裕，但显然，学习法语和德语的机会和设施肯定少之又少。现代语言应该与古代语言处于平等地位。

接下来要讨论的科目是历史，它在美国学校和大学中的地位与现在应该有的地位截然不同。如果说有任何研究是自由且能培养自由思想的，那就是现代历史研究——研究不同种族或社会的情感、观点、信仰、艺术、法律和制度，以及人类的欢乐、苦难、冲突和成就。语言学和文学自称为"人文学科"，但哪种学科能像研究社会进步和人类实际经验的学科那样，如此名正言顺地宣称自己拥有这一光荣称号呢？对于立法者、行政人员、记者、宣传家、慈善家或哲学家来说，哪一种知识能比有序的历史知识更有用呢？如果一门学科的"人文性"或"自由性"取决于其能否扩大学生的智力和道德兴趣，能否激发学生的同情心，能否驱使他站在真理和美德的一边，并使他厌恶虚伪和邪恶，那么没有哪门学科能比历史更加"人文"和"自由"。一般而言，历史就有这些正当的主张，而我们所属的社会和国家的历史更迫切地需要我们予以关注。这门学科向年轻人展示了公共荣誉和耻辱的根源；向他们展示了国家的缺点、弱点和罪恶；通过展示过去的损失和苦难来警告他们未来的危险；在他们心中树立民族英雄的形象；增强他们对祖国的热爱。人们自然会认为，至少美国和英国的历史会在美国中小学和大学的课程中占据重要地位，而在最好的学院和大学中，就教师的数量和级别而言，没有哪个学科会比历史占据更重要的地位。但事实并不符合这种自然的假设。绝大多数美国学院（有近四百所）在录取时并没有历史方面的要求，也没有历史教师。不要以为这种情况只存在于较差的学院，我要提到的是，在像达特茅斯这样历史悠久、声誉卓著的学院里，也没有历史教授、导师或临时讲师；而在像普林斯顿这样优秀的学校，只有一名历史教授，却有三名希腊语教授，而且这位唯一的历史教授还将政治学纳入他的教学内容中。任何自称是学院的机构都不会没有希腊语、拉丁语或数学教授，但几乎所有的学院都没有历史教授。学院的做法决定了预科学校的做法。当对历史研究感兴趣的年轻人问我，他们是否应该为了谋生而使自己适合教授历史时，我不得不说，这在他们看来是最不明智的选择，因为在我们整个国家，对合格的历史教师的需求微乎其微。这种历史学科所处的尴尬境地，因一些学院（如哈佛大学）仍然沿袭的旧例而显得更加突出。这些学院要求所有申请入学的学生都要掌握少量的希腊和罗马历史——聪明的学生在三四天内就能记住这么多。人们几乎不知道这一要求中最令人惊讶的是主题的选择还是内容的简要。难道不是很明显吗，历史这一重要学科在美国教育中没有占据适当的位置。

与历史研究紧密相关的是被称为政治经济学或公共经济学的新科学研究。我之所以称之为新科学，是因为亚当·斯密的《国富论》直到1776年才出版，马尔萨斯的《人口论》直到1798年才问世，而李嘉图的《政治经济学及赋税原理》则出版于1817年。该学科与历史密切相关，因为它通过研究过去的制度、工业和社会状况来收集其最重要的事实；它是财富的科学，因为它涉及私人或国家财富积累、保护、享受和分配的方法；它与伦理学相关联，因为它涉及社会理论和经济条件的道德影响。从某些方面来看，它最好被称为国家健康科学，因为它的结果显示了国家如何根据物理和道德法则幸福地发展和持续。它是现代教育中必须考虑的最复杂、最困难的学科之一，因此不应过早地引入文学学士学位的学习课程中。但是，一旦引入，就应该向学生提供足够的内容，而非让学生仅仅停留于表面。

当我们考虑到下一代必须面对的工业、社会和政治问题有多么艰巨时——当我们观察到，尽管平等理论被普遍接受，条件不平等的现象却在加剧；尽管有证据表明人口的大规模聚集在身体和道德上都是不健康的，但人口仍不可阻挡地趋向大规模聚集；当我们看到普遍追求生活享受的欲望越来越强烈，且这些欲望没有得到满足时；当我们看到政府与社会的关系变得越来越复杂，而人类的管理能力似乎并没有相应地增加时；以及自由制度如何将诸如关税、银行、货币、国内运输贸易、对外贸易以及税收负担等极其困难的经济问题的公共政策决定权交予广大民众时——在这种情况下，我们很难不意识到为大量美国学生提供充分的学习经济科学知识的便利条件的重要性。

那么，我们学院里为学习政治经济学所做的常规安排是如何满足学生和社会的这一需求的呢？为了不过分低估这种安排，我将描述哥伦比亚大学和布朗大学在这方面的做法。哥伦比亚大学据说是我们最富有的高校之一，而布朗大学则是新英格兰最有实力的高校之一。在哥伦比亚大学，大三学生必须每周参加两次为期半年的政治经济学课程，而大四学生则可以选择全年每周上两小时该课程。在布朗大学，大三学生可以选择每周上两小时的政治经济学课程，为期半年，大四学生也有同样的特权。然而，布朗大学在希腊语教学上的投入是政治经济学的 5.5 倍，而且除了学生在学校时需要学习的希腊语外，所有学生还需要学习 7/11 的希腊语内容。但政治经济学并不是必修课。哥伦比亚大学为那些能够在获得文学学士学位后，将一年或两年时间投入历史、法律和政治科学学习的学生，或那些愿意接受哲学学士学位而不是文学学士学位，以此换取这些学科一年教学时间的学生，进一步提供了历史、法律和政治科学的教学——这是一项非常昂贵的特权。如果这是两所领先的东部高校在政治经济学教学方面的现状，那么美国大学的平均教学情况又会是怎样的呢？我们会发现，它们在质量上很差，在数量上也微不足道。鉴于我们这一代人和未来几代人都如此忽视这一至关重要的学科，人们不禁会发出急切的呼喊：我们的年轻人是在为 20 世纪的工作接受教育，还是为 17 世纪的工作接受教育？我们不能假装政治经济学是一门容易的学科，也不能说它不能提供思维训练。实际上，它要求表述极其准确，前提权衡极为精确，推理极其严密，许多受过 6~8 年希腊语、拉丁语和数学训练的 20 岁年轻人发现，这门学科考验着他们的最大能力。它也不能被公正地称为一门物质主义或功利主义的学科，因为它充满了严肃的道德问题，并涉及许多有关公共荣誉和责任的问题。

我要求加入人文学科魔法圈的最后一门学科是自然科学。16 世纪认定的所有文科科目，以及我迄今为止讨论过的所有科目，都是在书本中学习的，但自然科学不是在书本中学习，而是在自然中学习。学习语言、文学、哲学、数学、历史或政治经济学的学生会阅读书籍，或聆听老师的教诲。自然科学的学生会仔细观察、触摸、称重、测量、分析、解剖和观察事物。通过这些练习，他的观察和判断能力得到了训练，他养成了观察自然外观、变化和过程的宝贵习惯。就像猎人和艺术家一样，他有一双敏锐的眼睛和受过教育的判断力，他在大自然的广阔领域里游刃有余。最后，他在这个最初完善了科学研究方法的领域中掌握了这种科学研究方法。在我们这个时代，真正的学者研究印第安箭头、楔形文字和砂岩中的爬行动物足迹时，所秉持的精神是一致的，尽管这些物体分别属于三门不同的学科——考古学、语言学和古生物学。但这种精神是什么呢？这是自然科学所特有的耐心、谨慎、真诚和独立追求的精神。格拉斯哥大学最优秀的古典学者之一杰布教授用以下有力的话语阐述了这一事实："这种被称为科学的知识的传播，同时也传播了唯一一种精神，只有秉持这种精神，任何一种知识的探索才能取得具有持久智力价值的成果。"此外，建立在化学、物理学、植物学、动物学和地质学基础上的诸般技艺，是我们这个时代文明的主要因素，并且在物质和道德方面的影响以惊人的速度增长。自本世纪初以来，它们在人类与其居住的地球之间的物理关系、国家划分、工业组织、政府职能和家庭生活方式等方面都发生了巨大的变化，它们肯定会在 20 世纪发挥与在我们这个时代一样大的作用。它们不仅是机械或物质力量，它们还具有巨大的道德力量。我认为，这门年轻的科学已经为所有科学带来了新的、更好的精神和方法，为文明带来了新的力量和无限范围的资源，它应该带着所有可能的荣誉被纳入文科的范畴，而且，一门旨在培养高贵品质的研究（这些品质是目前青少年主要追求的研究所无法培养的）应该以完全平等的条件被纳入学术课程。

15 世纪的智者们选取了他们那个时代现有的最好的智力和道德材料——即古典文学、形而上学、数学和系统神学——并用它们构成了他们所谓的人文教育的实质内容。当我们选取他们那个时代以及我们这个时代最好的智力和道德材料来编制一份值得作为文科科目，值得为了修养而学习的科目清单时，难道我们应该忽略在其成果中为现代文明提供了一些最重要力量的自然科学吗？我们的确忽略了它。我不知道国内有哪所预科学校自然科学占有适当的位置，或者接近适当的位置，尽管最近有些学校开始有所行动。像学习语法或历史一样通过书籍学习自然科学是毫无益处的，尽管通过这种方式可以获得一些科学知识，但通过这种方式无法获得该学科进行科学研究所需的特有的训练。在大多数大学中，学生可以通过讲座和使用手册获得一些科学知识，但得不到科学训练。科学课程很少在二年级开设，通常从三年级开始，但到那时，学生的思维已经形成了语言学习和数学研究所培养的习惯，以至于他发现掌握科学方法非常困难。在他看来，做实验或进行解剖是荒谬的。他不能从书中读到，也不能从图片中看到结果。防止年轻人在语言和抽象推理方面发展不均衡的唯一方法，是在学校课程中引入一定量的观察科学训练。除了四门语言、数学基础和历史基础外，还必须有一些对事物的精确研究。倘若还需其他论证论据，我会从早期熟悉和不断亲近外部自然的奇迹和美好中所获得的巨大生活乐趣里找到它。对于男孩和男人来说，这种亲密关系是永无止境的快乐之源。

因此，在 16 世纪所称的文科学习课程清单中，我要加入英语、法语、德语、历史、政治经济学和自然科学作为同等地位的学习科目，其中没有任何一门学科在制定现行人文教育定义时可以认为是已经成熟的。在一所大型大学中，将有许多其他语言和科学作为研究对象，我在这里只讨论那些在我看来是普通大学里最值得学习的学科。现在我们可以思考在学科中允许选择的必要性是如何产生的了。

我想要论证的三个主要命题中的第二个和第三个——即应当允许在并列学科中更早做出选择，以及现有的学科顺序需要修改——尽管其中蕴含着所有讨论的实际应用，但可以比第一个命题阐述得简略许多。在 16 世纪，人们把当时所知的所有学科都纳入他们的文科课程时，这些学科的总和并不足以使一个学生有效地覆盖整个领域。但是，如果像我所主张的那样，扩大文科的范畴，显然没有人能够覆盖整个领域，并对任何学科有透彻的了解。因此，有必要允许学生在他将要致力于研究的学科中，选择少数几门具有同等地位的学科进行学习。为了将一些关于新科学的概念引入 1600 年的课程，美国高校的管理人员做出了努力，但他们的努力是徒劳的，学生们根本无法深入了解任何学科。学生学习希腊语和拉丁语的机会比其他任何学科都要多，但并没有得到足够的语言指导，使他能够掌握这些语言。如果遵循官方的学习计划，他不可能在任何其他学科上超越基础知识。想想看，在一本中等大小的教科书中，整个庞大的主题都被一个全神贯注的头脑过滤掉了，能对形而上学产生什么样的认识；或者，从一位不从事该领域研究的老师所讲授的短期课程和三四百页的小册子中，能得到什么样的物理学概念；又或者通过阅读一位并非一流作者所著的简短论著来研习政治经济学，能得到什么样的政治经济学概念。这些不是虚构的草图，而是现实的写照，这是美国绝大多数高校处理这些学科的普遍方式。我无须详述这一每年都造成难以估量损害的重大弊病。补救措施显而易见。首先，应让新学科在各方面都与旧学科处于同等地位；其次，在同等地位的学科之间做出这样的选择，以确保学生有机会在某个领域深入研究。为了有效，需要允许学生比现在更早地进行学科选择。"越早选择越好"的建议——必须在同时考虑中学和大学的学习顺序的情况下进行讨论。

少年时期是学习新语言的最佳时期。因此，应该在学校尽可能多地学习法语、德语、拉丁语和希腊语这四种语言。但是，如果所有接受文科教育的男孩都必须在上大学之前掌握这四种语言，那么那些语言学习能力不强的男孩将几乎没有时间进行其他学科的学习。如果英语、数学基础、某些自然科学基础知识以及英美历史是基础学科，那么很明显，必须允许在剩下的四种语言中做出一些选择，以免过度限制上大学的学生数量。在良好的教学指导下，许多男孩无疑可以在 18 岁之前相当好地学会阅读这四种语言，而且不会牺牲更重要的东西。但是，也有些在其他科目上能力很强的男孩却无法完成这项语言任务。在美国的许多州，学生要在所有这些语言中都能获得很好的指导，这是完全不可能的。因此，我相信在大学入学考试中应该允许在这四种语言中做出选择，接受其中的任意三种，选择应根据父母的意愿、教师的建议、考生的既定目标、某一语言比另一语言可获得的更优质的教学质量，或是考生就读学校的便利性来确定。考生在入学时没有选择的语言，他应有机会在大学里开始学习并继续学习。

至于学习这四种语言的最佳顺序，我注意到，大多数思考过这个问题的人或多或少都对此持有某种理论，但说英语的民族在这个问题上几乎没有或根本没有经验。人们自然会认为，先易后难是一个好规则，但这并不是目前这个国家的做法。相反，拉丁语的学习往往先于法语，而通常在 14 岁开始学习希腊语，在 20 岁开始学习德语。在教育方面，就像在其他事情上一样，我坚信这样一个原则：用最少的努力来达到既定的目标。如果要学习一门语言，我会用已知的最简单的方法来教授，并在最容易学习的年龄来教授它。但是还有另一种经常被实践但很少明确阐述的理论——即为了达到训练的目的，应该故意给孩子强加可以避免的困难。例如，强迫一个没有语言天赋、永远无法精通多门语言的孩子去学习多种语言。在我看来，任何形式的训导、教育或操练的唯一正当理由是为了达到该知识领域的适当目的。让一个孩子在他学习能力最强的那些年岁里，在一种他永远无法达到目的的训练上耗费时间，是一种对社会资源的浪费，对个人来说也是不公的，因为他本可以把这些时间花在另一种不同的训练上，而这种训练会因成就而得到回报。这就是学校和大学学习中存在选择（所有这些都是自由学习）的根本原因。不考虑能力和兴趣差异的智力训练是没有明确方向的。因此，教育必须多样化，而不是千篇一律。对于无知或轻率的人来说，似乎世界的智慧和经验现在应该已经产生了一种对所有孩子都适用的统一教学课程，该课程由永久卓越的学科组成。但有两个强有力的理由使人们相信这种便利的结果是无法实现的：首先，不存在统一性的男孩；其次，任何既定学科的教育价值非但不是永久固定的，而且随着新知识的积累和新科学的出现而不断变化。毫无疑问，11 世纪的人们认为"语言学、修辞学、逻辑学、数学、音乐、几何学、天文学"是永久性的课程；毫无疑问，伊拉斯谟所遵循的学习课程被当时的教师们认为是提供了唯一且充分的人文教育的课程；众所周知，自 1600 年左右以来，最明智、最有教养的人均认为希腊语、拉丁语和数学是唯一好的训练学科。惠威尔自认为无所不知，他毫不犹豫地将"永久"一词应用于这三门学科。但如果历史证明教育的主要内容实际上已经发生了变化，那么需理智地表明它们必须改变。教育机构不考虑知识的进步这一点确实难以置信。我们可以肯定，在现实世界中，控制智力的力量会一个世纪接一个世纪地渗透到教育过程，语言、文学、哲学或科学，如果表现出丰硕的成果和强大的力量，就必须获得认可，成为文科学习和思维训练的适当手段。

针对我提出的观点，保守派人士会立即提出两大反对意见。我经常遇到这样的问题：这个传统的文学学士学位，至少三百年来一直有着相当明确的含义，现在要剥夺它所有的确切含义吗？以至于无法判断持有这个学位的人学习过什么？我回答说，这个学位将继续证明它现在所见证的主要事实，即获得者在12~23岁，在某个地方进行了8年或10年的人文教育。我还会补充说，在各地授予的文科类学位中，最具意义和价值的是——德国的哲学博士和文学硕士——并不代表任何特定的研究，也不表明授予这一学位的特殊研究领域，尽管它确实是以几年前完成德国中学课程为前提的。

第二个反对意见是通过一个重要的问题表达出来的：如果所有这些新科目都与希腊语和拉丁语平起平坐，那么希腊语和拉丁语会怎么样？希腊语和拉丁语以及它们所代表的文化能在这场入侵中幸存下来吗？对于这个问题，我的回答是，第一，提议并不是要用新科目取代旧科目，而只是让新科目与旧科目在公平的竞争中并存，不是要关闭获得文学士学位的任何现有途径，而是要开辟新的途径；第二，希腊语和拉丁语作为当前所有大学生的必修课程，我提议对此规定进行修改，这将使希腊语和拉丁语课程摆脱不感兴趣和没有能力学习此课程的学生，这对剩下的学生来说是大有裨益的；第三，取消目前对古典文学的人为保护，将使古典古代文学的研究"不再依赖狭隘或排他的规定，而是依赖于对其在人文教育中应占地位的合理认识。"——这是从杰布教授的《宾利传》最后一页中精挑细选的话语。一个人越是将希腊语和拉丁语视作文化的重要手段并赋予其高价值，那么当这些研究不再受到人为保护时，他就必定越坚信其具有持久性。在教育领域，就像在其他领域一样，适者生存。古典学科，就像其他学科一样，必须依靠自身的优势来立足，因为大学不应当强迫几代人去学习自己不喜欢的学科，或者进行某种特定的思维训练，特别是在那些没有既定教会或贵族社会组织支持的国家，大学也不能明智地承担这一职能，因为在这样的国家里，如果遭到反对，学生很容易就会放弃上大学。

最后，扩大文科领域的范畴是可以理解的，因为高等教育和提供高等教育的机构需要这样做。在一个绝大多数从事知识职业的人都没有接受过人文教育的国家里，人文教育既不安全也不强大。现在，我们国家正是这种情况。绝大多数从事法律、医学、新闻、公共服务、科学职业和工业领导岗位的人都不是文学学士。事实上，如今唯一拥有大量文学学士学位获得者的知识类职业是神职工作。造成这种可悲状况无疑部分归因于美国社会的开拓状态，但我认为这也与普通大学课程和中学预备课程的陈旧状态有关。当教育机构拒绝承认语言、文学和科学等文科和学科研究的地位，而这些学科对那些从事智力工作的人来说似乎与教育机构所培养的其他学科同样重要，他们就失去了大量知识分子的同情和支持时，他们既给自己也给本应服务的国家带来了无谓的伤害。教育机构拒绝倾听家长和教师的呼声，拒绝增加进入大学的途径，拒绝让新的道路达到与旧道路相同的水平或等级，这表明它们与那些凭借性格、智力和实践训练，在现代世界具有巨大影响力的大批人士之间已经产生了鸿沟。在过去的二十年里，一直有迹象表明美国大学在人口和财富的增长方面没有跟上国家的步伐。我相信，这种相对衰落的主要原因是大学和中小学课程的狭隘。

我所倡导的原则的实施将涉及中小学学习顺序的重大变化。因此，中小学应尽早开设科学课程；英语应从学校生活伊始一直学习到大学生活结束；许多男生学习其他语言的顺序也应发生根本性的变化。我们不应该期望这些变化会突然发生，它们必须通过公众舆论的压力逐渐实现——通过教育阶层舆论的逐渐影响，通过既定的教育手段逐渐发挥作用。这种变化将通过家长对私立学校的要求来实现，通过捐赠者和公立学校受托人及委员会对学校课程的影响来实现，通过捐助者和创办者对人文教育捐赠和遗赠的条件来实现，通过工业和技术学校的竞争来实现，以及通过现代学科在大学和学院中逐渐取代古典学科来实现。所有这些影响都在发挥作用，并且在过去十五年中取得了很大的进展。

教育中的自由

1885 年

教育中的自由[1]

　　如何将一所拥有统一课程的学院转变为一所完全没有规定课程的大学，是越来越多关心美国学习和教育的有识之士所关注的问题。今晚，我希望能够说服你们，一所文理学院必须给予学生三样东西：

　　一是选择学习内容的自由。

　　二是在单一学科或特殊研究领域获得学术成就的机会。

　　三是一种明确的纪律，要求每个学生都承担形成自己习惯和指导自己行为的责任。

　　我将依次讨论这三个主题，其中第一个主题将占用我演讲的大部分时间。

　　一、关于选择学习内容的自由。首先，我想就这个话题提出一个我称之为"机械论证"的观点。一所拥有规定课程的学院必须为每个班级提供，比如说每周 16 小时的教学时间，或者四个班级总共每周 64 小时的教学时间，且不包括重复的讲座或课程。如果没有重复的课程，6 位~8 位老师就可以轻松完成一所学院所需的所有教学任务。如果班级人数过多，需要分成两个或更多的小组，那么就必须雇用更多的老师。如果提供了一些额外的或选修的课程（这些课程不在教学大纲内），那么老师的数量也必

---

　❶　本文在 1885 年于纽约的十九世纪俱乐部宣读。

须进一步增加。然而，对于任何这种类型的学院来说，20 位老师都是一个相当充裕的配额。目前美国有数百所学院的教师总数少于 20 人。在规定的制度下，如果这样的学院有更多的老师，也不可能为他们找到足够的工作。今年，哈佛大学（不包括实验室助理）雇用了 80 位教师，这 80 位教师每周提供大约 425 小时的公共教学时间，没有任何重复，还不包括他们在实验室中提供的非常重要的教学。任何本科生在四年内都无法学到学院所提供的教学内容的 1/10。由于这 4/5 的教学内容比任何一所拥有规定课程的学院所能提供的教学内容都要高级，因此一个勤奋的学生大约需要四十年的时间才能覆盖当前的所有教学领域，而且在这段时间里，这个领域将会扩大到超出他的能力范围。由于学生无法学习学校所提供的全部教学内容，因此似乎有必要允许他选择一部分来学习。高校必须严格限制其教学内容，或者为学生提供某种选课模式。对于任何一所渴望成为大学的机构而言，限制教学内容都是不可接受的方案。因为大学必须尝试教授所有有需求的科目，这些科目在其入学要求的等级之上，并且要将这些科目教得足够透彻，以使水平较高的学生能够达到现有知识的边界，并具备进行原创性研究的能力。除了贫困带来的严格限制之外，这些是一所大学可以为其教学合理设定的唯一限制。另一个方案就是选课或选学。

哈佛大学的选课制度已经发展了六十年，而在这六十年中的 1846 年至 1860 年的十四年间，校长和大多数教师都不赞成这一制度，但他们找不到摆脱我所提出的两难困境的办法。他们不能故意减少所提供的教学内容，因此，在某种程度上，选课是不可避免的方案。

那么，实际的问题是，一个美国男孩在什么年龄、在其教育进程的什么阶段可以获得自由选择学习的机会？换句话说，一个美国男孩在什么年龄最适合去一所自由选课的大学呢？在回答这个问题之前，我要先请大家注意四个初步的观察结果：

第一，欧洲男孩在 17 岁到 20 岁之间的不同年龄段进入自由选课的大学；而同龄的美国男孩明显比欧洲男孩更成熟，更有能力照顾自己。

第二，年轻人应该尽快从中学转到大学，对年轻人而言，与年龄相仿的大学生一起，在适合他们年龄的行为准则的约束下相处，要比与年龄较小的学生相处更好，简言之，对年轻人来说，成为大学里年龄最小的学生，要比成为学校里年龄最大的学生更好。学校仍然可以为年轻人提供很多帮助，大学对他来说可能还稍显自由：必须在利弊之间进行权衡，但明智的决定是，要及时让他摆脱超越其年龄的行为准则的约束，而将他置于适合其成长的规章制度之下。当我们想到要把一个男孩送进大学时，我们的想象力往往会更多地关注他的新自由将使他受到那些偶尔和例外的不良影响，这些影响会使他新获得的自由受到损害，而不是停留在大学同伴关系中那些习惯性的、普遍的影响上，这些影响会滋养他的男子气概，培养他的美德。正如我们往往会认为遗传主要是传递恶习和疾病的一种手段，而实际上，它通常是传递和积累各种美德和有益能力的一种手段。

第三，长辈的期望对年轻人影响很大。如果长辈期望他表现得像个孩子，他残留的稚气往往会主导他的行为；如果期望他表现得像个男子汉，他初露端倪的男子气概往往会更加彰显。在我看来，美国普通大学那种假装的父母式或虚假的修道院式管理制度，似乎更容易激发出普通学生的稚气，而不是男子气概，这从他玩的恶作剧、他乐在其中的秘密社团，以及他接受并传播的那些野蛮或愚蠢的习俗中可见一斑。保守派的观点是大学必须根据学生现有的情况来对待他，他将成为过去的那个样子，即一个无忧无虑、漫无目的、懒惰，而且可能是品行不端的男孩。因此，给予他自由的政策是不切实际的。进步派的观点是大学政策应适应最优秀的学生，而不是最差的学生；改进政策，久而久之，错误政策带来的恶果就会消失。我想在此强调，一个有远见的教育政策必须既基于现实也基于潜力，既基于可以合理期望、规划和追求的目标，也基于现有的事物。

第四，中学教育的状况是我们所涉及的一个重要问题。理想的情况是，那些即将享受大学自由的年轻人应该已经在中学接受了扎实的训练，其中充分涵盖了基础知识的四大分支——语言学、历史学、数学和自然科学。但必须承认，现在只有少数几所学校提供这种理想的训练，而且在该国许多地区，甚至连质量尚可的中学都数量不足。对于中学的这种状况，大学要负部分责任，因为它们除了教古代语言外，几乎没有培养出优秀的教师，而且它们除了要求入学时掌握希腊语、拉丁语和数学的基础知识外，几乎没有任何要求。但这种情况对一所希望招收到大量高质量学生的机构的政策有何影响？难道我们应该因为全国中等教育状况不尽如人意就停止创办大学吗？这种无所作为的政策的困难在于，中等教育的改革和发展取决于大学的正确组织和运作。这是一个老问题：先有蛋还是先有鸡？在考虑大学生活与学校生活的关系时，许多人被一个误导性的比喻——建筑所迷惑。他们对自己说：在薄弱的基础上无法建造坚固的上层建筑，中学为大学建筑奠定基础。因此，如果预科学校未能做好工作，那么随后就无法进行适当的大学工作。这个类比看似完美，却有一个致命的缺陷：教育是一个生命过程，而不是一个机械过程。因此，让我们用一个来自生命功能的例子来说明，那就是营养。一个孩子在婴儿时期营养不良，身体发育不好，因此，当他开始长牙，可以吃面包、肉和燕麦粥时，你却不提供这种营养丰富的饮食，而给他喝加糖的牛奶和水，以及婴儿时期才适合吃的美林牌食品。一个男孩在中学时，他的精神食粮没有像应有的那样营养丰富且充足。因此，当他进入大学时，他的教育必须是他本应在中学时得到的，却错过的那种。教育涉及每个人内部各方面的成长或发展，而将教育过程比作一块石头叠在另一块石头上的隐喻在教育讨论中并无用处。哈佛大学现在发现自己每年都能从全国一百多所中学和私人教师那里招收到近三百名准备还算充分的学生，而她才刚刚开始收获过去18年她自己的政策和制度变化所带来的成果。中学会跟随大学的步伐，成为大学所塑造的样子。

有了这些初步的建议，我继续回答这个问题：一个美国男孩在什么年龄最适合去一个可以自由选课的大学？我会为我的答案阐述理由。我认为，在合理有利的条件下，正常的年龄应该是18岁。第一，我认为一个男孩在18岁时，他的气质、身体素质、智力才能和道德品质都已基本确定，潜在的成人特质也已经显现出来了。如果他在学校的学习具有一定的代表性，那么他的能力和不足就会完全展现在他的老师或任何细心亲密的朋友面前。如果他的历史学习仅限于希腊、罗马和美国历史的初级读本，那么他的老师和他自己都无法知晓自身在历史研究方面的兴趣和能力；如果他没有机会学习自然科学，那么他在那方面的能力就无从证明；如果学校课程安排得相当全面，那么他后续学习最有利的方向就无须怀疑了。男孩的未来将在很大程度上取决于他所受到的影响，无论是幸福还是不幸，如果所有影响都是积极的，那么他的潜力基本就确定了。如果他能够自由选择最适合自己吸收的精神食粮，那么他将幸运地获取智慧并受到积极影响。第二，美国的男孩到了18岁，就过了强制外在规范能产生作用的年龄。可以鲜明地向他展现各种动机和刺激；可以告诉他，为了赢得他渴望或珍视的东西，他必须这样做；可以为他提供近在咫尺或遥不可及的奖品和奖励，却无法驱使他去进行任何有益的思维锻炼。第三，一个受过良好教育的18岁青年可以为自己（而不是为其他男孩，或虚构的普遍意义上的男孩，而是仅仅为自己）选择比任何大学教师或任何不了解他、他的祖先和他过去生活的智者所能为他选择的更好的学习课程。在选择课程时，他自然会向熟知他的老师和朋友寻求协助，他的行为会受到那种强烈的保守主义左右。幸运的是，在整个教育事业中，文明人都会受到这种保守主义的影响，而且同时还会得到自然而非任意规定所提供的各种其他保障。当一个我从未见过的年轻人问我他在大学应该学习什么课程时，我会茫然无措，除非他告诉我他喜欢和不喜欢学习什么，什么样的努力让他感到愉快，他喜欢什么样的运动，对什么阅读内容感兴趣，他的父母和祖父母在社会中的职业是什么，以及他自己想要成为什么样的人。简言之，我只能用他自己和任何人都无法拥有的视角，来引导他如何为自己思考这个问题。乍一看，18岁的男孩在自然帮助下能够比任何人更满意地选择自己的学习课程这一观点似乎很荒谬，但我相信这是基于事物的本质，而且对我来说，这也是通过观察得出的明确结果。我首先会从事物的本质出发进行论证，然后描述我自己的观察。

每个18岁的青年都是一个极其复杂的生命组织体，其复制品既不存在，也永远不会存在。他遗传的特征与其他任何人都不相同；他的成长环境与其他孩子也不同；他的激情、情感、希望和欲望，在此前的任何其他生物身上都从未像在他身上这样相互关联；他的意志力也完全以他自己的方式被激发、刺激、发挥和消耗。我们知道人类身体能够展现出的无穷无尽的形式和特征，但这只是深深隐藏在这些不同外壳中的思想和性格差异的模糊影像。要识别和充分考虑到这些差异，除非让每个人的自发倾向、自然偏好和最容易形成的习惯性活动得以发挥，否则任何人类的洞察力或智慧都是不够的。为了个人的幸福和社会的利益，这些思想上的差异应该被培养，而不是被压制。个人在最适合自己的智力劳动中获得的乐趣最多，而当每个人的特殊技能、天赋或资质都得到最大限度的发展和利用时，社会才会得到最好的服务。因此，在教育方面，假定反对统一性，而支持尽早实现多样性。那么，是什么决定了这一时刻呢？在我看来，强制性统一教学的范围应该由这些教学科目的基本性质和公认的普遍实用性来确定。例如，每个孩子都需要知道如何阅读、书写，以及在一定程度上进行算术运算。因此，小学可能有一个统一的教学计划。人们可能会自然地认为，仔细研究母语及其文学是所有年轻人的共同需求。但事实上，在这方面并没有达成一致。英语及其文学在美国学校中几乎还没有赢得一席之地。只有两种外语的基础知识以及代数和几何的基础知识被普遍认为是所有 17 岁以上有幸继续学习的年轻人接受适当训练时所必不可少的科目。关于自然科学基础知识是否应该统一学习的看法还未形成共识，而在选择哪两门外语的问题上更是众说纷纭，大多数受过教育的人认为两门死语言更好，而少数人则认为活语言也可以接受。因此，那种为大家所公认的、所有要接受高等教育的人都需要的基础知识的范围，是狭窄的，任何具有相当能力的青年在 18 岁之前，在受过良好教育的情况下都很容易达到并超越这个范围。至少在那里，教育合理的统一性就应该停止了。至少在那里，应该对学习课程进行选择，而最安全的明智的选择指南将是依据每个人的兴趣、爱好和特殊能力。当涉及选择职业时，每个人都知道唯一的智慧就是追随自己的兴趣。在我看来，确定 18 岁之后最有益的文科课程的唯一智慧，就是遵循个人的爱好。因此，只有年轻人自己才能选择对他最有益的学习课程，因为这也将是他最感兴趣的课程。选择这一事实本身就足以确保他自身意志的配合。

我已经暗示过，在自由选课的大学中，每个被要求自己选择学习科目的青年，都存在某些天然的引导与保障。让我们瞧瞧这些天然的助力究竟为何。其一，他必然会重拾之前所学的科目，并从其起始处学习而非中途继续，对于每一个新科目均是如此。其二，大学所授诸多科目都牵涉其他科目，故而那些科目须得先行学习。如此一来，若不熟悉三角学和解析几何，就难以在物理学领域取得显著进展；化学分析以熟悉普通化学为前提，古生物学以熟悉植物学和动物学为前提；除非他能读懂德语，否则他无法有效地学习德国哲学。而且，除非他掌握了政治经济学的基本原理，否则他无法有效地讨论实际经济问题。无论是语言、哲学、历史、数学还是科学方面的高级课程，都以熟悉一门或多门基础课程为前提。其三，每一位具备较强能力的学生都有一种普遍的倾向，那就是一旦开始学习一门自己感兴趣的课程，就会深入探索。抑制这种极为幸运的倾向，真正的学术成就便无法达成。这些自然保障在防止学习选择上的多变性和不连贯性方面是如此有效，以至于人为的规定是多余的。

接下来，我将给出一些本人对于选课制度运作情况的观察成果。为使诸位对我所言予以信任，我会简要阐述我的观察契机。我在本科阶段的经历近乎全是必修课程，因为我碰巧处于自 1825 年哈佛学院选课制度实施以来推行程度最低的阶段。从 1854 年到 1863 年的九年里，我从一名喜欢行政细节的辅导教师和助理教授的角度，深入了解了这一主要规定课程大纲的运作情况。在离开大学六年之后，其中两年在欧洲求学，四年在马萨诸塞理工学院担任教授，我于 1869 年回到母校担任校长，发现一个相当广泛的选课制度正在实施中。由于校董事会的愿望和外部环境的支持，该制度迅速发展。必修课程逐渐被废除或推迟，因此先是大四的课程完全由学生选择，然后是大三，接着是大二，最后在去年六月，大一的课程也主要由学生选择。现在除了英语写作、法语或德语的基础知识（入学时要求这两种语言中的一种），以及若干化学和物理讲座外，已无必修课程。以前必修的科目，如希腊语、拉丁语、数学、逻辑学和形而上学，现在都不再是必修科目，教师也不推荐任何特定的课程组合或选择。因此，我有足够的机会在哈佛大学观察到几乎完全的规定、几乎完全自由的选课以及所有过渡方法的运作情况。在欧洲，我研究了自由选课的大学的教学方法，在理工学院，我看到了几个从统一规定的共同学习领域中衍生出来的明确的课程体系——这个体系对于理工学院来说是很有益的。

我可以用最简短的方式表达观察结果：我从未见过一个有能力为自己

选择一套涵盖四年学习的学生，这些研究显然没有比我大学时代的必修课程更具理论和实践价值。每一套必修课程都必然是从头到尾都是基础的，而且非常混杂。由于科目繁多，任何一门科目都不可能超出其基础范围；无论教师多么博学多才、热情洋溢，都不可能有任何优秀的学生；无论学者多么有能力和渴望，都不可能在任何单一科目上取得重大成就。在选修制度下，绝大多数学生都会利用自己的自由来追求某一科目或某些科目，并达到一定程度的彻底性。这种对单一学科的专注促进了高级教学的发展，并提高了整体教学水平。已经明确对某一特定科目感兴趣的学生会明智地将大部分时间投入该科目及其相关科目上。那些已经明确未来职业的学生会明智地选择与其未来专业学习相关或作为其基础的科目。因此，未来的医生将有利地把大学课程的大部分时间用于法语、德语、化学、物理和生物学的学习；而未来的律师将学习逻辑学、伦理学、历史学、政治经济学以及英语在辩论写作和演讲中的应用。在哈佛大学目前保存的、由学生连续四年选择的数千门独立大学课程中，很少能找到一门没有展示出具有合理的学习连贯性的课程。需要理解的是，在哈佛大学所有被允许计入文学学士学位的研究都是文科类或纯理论类的，技术类或专业类的研究是不被认可的。

在介绍了美国学生如何自由选择课程进行学习之后，我想指出，如果美国年轻人要享受大学生活的特权，他们必须在18岁到22岁之间这样做。2/3到3/4的大学毕业生会进入需要他们进行复杂专业准备的职业或就业领域。医学生需要四年的专业培训，法律专业学生至少需要三年，优秀的教师和熟练的建筑师也是如此。那些进入商业公司工作，或者自己创业的人，都需要学习商业知识——这通常需要几年的时间。如果一个年轻人在22岁时获得学士学位，他几乎不可能在26岁之前开始从事他的职业。这已经够晚了。因此，很明显，美国大学不可能建立在老式的美国学院之上。哈佛大学新生入学时的平均年龄是 18 岁零 2/3，而在大多数学院，新生的平均年龄还要大些。在接下来的三到四年里，如果他想要享受这种无法估量的特权的话，就必须在文科课程中进行自由选择。

接下来，我们将关注选课制度的两个常见反对意见。第一个通常以询问的形式出现。选课制度可能对有责任心或有抱负的学生，或对某些科目有强烈兴趣的学生来说很好，但在这样的制度下，那些粗心、冷漠、懒惰、没有任何智力追求或抱负的男孩会怎么样呢？我用一个类似的问题来回答：在统一的强制制度下，这样的男孩会怎么样？他们在那种制度下得到了什么好处吗？就我观察而言，没有。这些尚未觉醒的头脑在虚度光阴做什么其实并没有太大的区别。然而，与必修课相比，在选修制度下，这些年轻人从昏睡中觉醒的机会要大得多。当他们追随这种隐约的欲望指引时，他们至少可以避免因随意分配给某些老师和某些课程而产生的不满和反感。选课制度并不意味着可以无所事事的自由，最不积极的学生每年也必须通过一定数量的考试。他可能会选择那些他认为能以最少的努力获得最好成绩的科目，但在这些科目上，教学将达到一个比强制制度下所能达到的更高的水平，他将从中获得更多的收益，而如果他花费同样的努力在其他科目上，取得的成就更少，那么收益也会更少。从小学到大学，教育的一个重要原则是，对于给定的努力量，可见的收获越大越好，这一规则对弱势学生和优秀学生同样适用。在选择课程时，能力较弱或缺乏积极性的学生在很大程度上会受到他们认为将会遇到的教师素质的影响。通常，他们会选择那些有可能对他们产生最大影响的老师，并遵循从同类型的高年级学长那里得到的传统指导。剑桥大学的老师们一致认为，在选课制度下，这类学生比必修制度下做得更多、更好。在讨论了自由选择学习课程对没有前途的学生所产生的影响之后，我必须补充说，无论哪一等级的教育机构，其政策都不应该由能力最差的学生的需求来决定；大学的目标应该是满足最优秀学生的需求，而对于能力较差的学生，大学只能在不妨碍最优秀学生特权的前提下满足他们的需求。设置统一的课程，规定肤浅的内容并禁止深入研究，明显是以牺牲最优秀学生为代价来迁就一般水平的学生。自由选择学习课程让年轻的天才拥有最广阔的发展空间，同时也不会损害平庸者和迟钝者的发展机会。

我要讨论的第二个反对意见是：自由选择意味着没有哪门课程是被公认为具有至高无上的价值，以至于每个年轻人都毫无疑问地应该去追求它。这可能吗？难道人类积累的智慧不能确切地规定出哪些课程最能在18~22岁普遍地发展人类的心智吗？起初，我们当然会觉得必须回答"不"很奇怪。但是，当我们思考人类对于如今大学里所教授的大多数科目的认识是多么短浅的时候，这个否定的回答就显得不那么令人惊讶了。在今年哈佛大学的课程列表中有两百门课程，但要从中选出二十门在本世纪初就能开设，并且具备现在被认为是课程教育质量所必须具备的图解、材料和方法，将是困难的。人们更容易意识到，所有自然科学，包括比较语言学、政治经济学和历史，实际上都是新学科，除了算术、代数和几何元素外，所有数学都是新的，伦理学和形而上学的最新增补内容非常广泛，以及18世纪和19世纪的文学在几种欧洲语言中具有重要意义，人们在思考这些问题时，缺乏积累的经验。大学教育的材料和方法一直以来，并且将来也会一代又一代地发生变化。我们也许可以实事求是地认为，19世纪是一个前所未有的增长和进步的时期；如果没有灾难的阻碍，每个世纪可能都见证了文明的空前进步，仅仅是因为这个过程是累积性的。大学最重要的职能之一就是储存人类积累的知识，并使用这些储备，以便每一代青年都能从他们前辈所赢得的所有优势的基础上起步。因此，大学在不忽视古代知识财富的同时，必须密切关注新发展的领域，并邀请学生在遵循传统路径的同时，也要踏上新辟的道路。关于所有这些新学科对学生的直接影响，人类还未积累足够的智慧。

然而，可以说，有一个相当广泛的假设是通过经验建立起来的。在每一门新的知识领域中，探险者和发现者的心智能力都得到了充分的发展和富有成效的锻炼。每一个新的研究课题想必都是由某些罕见的天才经过艰苦努力发展起来的。可以合理地假设，年轻人在追随大师们进入任何他们竭尽全力探索和描述的领域时，都会发现自己的能力得到了艰苦的锻炼。研究任何知识领域中伟大思想家的成就，对于有类似兴趣和能力的年轻人来说，肯定是很好的训练。所有健全的知识分支对于成熟的学生来说都具有同等的尊严和同等的教育价值，这是我们这个时代唯一有希望且站得住脚的观点。很久以前，一个人的心智就已经完全不可能涵盖人类所积累的巨大知识总和中微不足道的一部分了。

在结束关于自由选择学习课程的话题之前，让我指出，在欧洲大陆，没有一所资源充足的大学不长期实行完全自由选择学习课程的制度。最近，牛津大学和剑桥大学在选课方面也为他们的学生提供了几乎完全的自由。现在在我们国家，声誉良好的学院都提供了相当比例的可选课程，并且通常他们在教师、藏书和资金方面的资源越多，他们在应用选修原则时就越宽松。然而，许多学院似乎仍然对这项原则的有效性持怀疑态度，而我们受过教育的公众也刚刚开始认识到它的重要性。一旦美国教育机构获得欧洲大学的资源和权力，它们将采用适合各地大学的教育方法。目前，就教师人数而言，我们最好的学院还远远达不到欧洲标准，在教学的广度上也是如此。到目前为止，美国还没有真正的大学——只有那些渴望成为顶尖大学的学院。因此，了解发展大学所需的条件就尤为重要，其中最不可或缺的就是选择学习内容的自由。

二、大学必须为学生提供在特定学科或研究领域获得杰出成就的机会。统一的课程设置导致统一的学位，第一名和最后一名都获得相同的文凭，大学不可能按照这种计划发展。它必须在毕业时为学生提供单科杰出成就的学术荣誉。这些荣誉鼓励学生深入研究某一领域，由此产生了对所有能够获得荣誉的学科进行更高水平教学的需求。而这种需求，加上不同院系之间自然产生的竞争，刺激了教师，教师又反过来激励学生。各院系为荣誉候选人提供的详细指导是对希望专攻某一领域的学生的具体建议。该系统的一个附带好处是它促进了教学部门的组织工作。拉丁语、历史或哲学教师发现有必要将课程有序地排列起来，比较各自的教学方法和成果，并尽可能地使他们共同提供的教学内容更丰富和多样化。许多欧洲大学，特别是英国大学，为专业领域的杰出成就提供荣誉、奖金，或两者兼而有之；而备受重视的哲学博士学位是授予在一两个知识分支上有重大成就且涉及专业方向的学位。哈佛大学教师于 1866—1867 年宣布了他们的荣誉制度，这无疑是他们通过的最有效的立法。1879 年，他们设计了一种较小的毕业荣誉，称为"荣誉提名"，这一制度也运行良好。在任何部门获得荣誉通常需要一年半的扎实工作，而获得荣誉提名则需要大约一半的时间。所有这些制度的重要作用是促进工作的专业化，从而发展高级教学。无需指出，大量基础学习的统一规定与这样的政策是截然对立的。

三、大学允许学生自我管理，这是必需且重要的。大学必须拥有大量的学生，否则其许多高度专业化的课程将没有听众，而学生自己也感受不到与来自不同国家、州、学校、家庭、宗派、党派和生活环境的众多年轻人的观察和接触所带来的有益影响。如今，大学最好位于人口稠密地区或附近，这样其官员和学生就可以享受各种高雅的乐趣，并感受到高度文明社会的激励和约束。罗马、巴黎、维也纳、柏林、莱比锡、克里斯蒂安尼亚、马德里和爱丁堡的大学都生动地说明了这两个优势。这些条件实际上使大学不可能根据任何与世隔绝的原则来处理学生问题，无论是在村庄里还是在高墙和铁栏之后。1500 名身强力壮的年轻人住在日夜开门的楼房里，或分散在出租屋里，他们不可能像在家里那样在大学里受到机械式的保护，免受诱惑。他们的保护必须来自内心，他们必须在家人的记忆中、在纯洁的友谊中、在努力工作中、在智力追求中、在宗教情感和道德目标中找到它。个人自由和责任意识强化了这些保护作用，而存在一个声称拥有大量权力却没有有效行使这些权力的监督机构则会削弱这些保护作用。"代替父母"（IN LOCO PARENTIS）理论是一种古老的虚构，不应该再欺骗任何人了。无论位于何处，美国没有任何一所学院拥有能够压制或排除邪恶的规则方法。品行不良的学生即使在最小的村庄也能找到所有放纵的手段，而最恶劣的恶习往往是最隐秘的。真正大学教育方法的一个明显优势是，它不佯装在学生中维持任何家长式或修道院式的纪律，而是坦率地告诉他们必须自我管理。大学政策在道德目标上应该是通过自由训练年轻人学会自制力和自立能力。大学的任务不是训练那些首要任务是服从命令的工作。相反，它应该培养人们在那些特别需要自治、独立和创新意识的职业中的能力。不要误以为在一个活跃而有趣的大学里，年轻人会面临特殊的道德危险。事实远非如此。对于任何有抱负的年轻人来说，这样的大学是世界上最安全的地方——比会计室、商店、工厂、农场、军营、船舱或牧场都要安全得多。学生生活在一个令人振奋的环境中，书籍吸引着他，良好的友谊邀请他，良好的职业保护他，有益的朋友围绕着他，纯洁的理想展现在他面前，雄心激励着他，荣誉召唤着他。

学校课程可以既精简
又丰富吗？

1888 年 2 月 16 日

学校课程可以既精简又丰富吗？ [1]

在美国改进中学、学院和职业学校的进程中——这一进程自内战以来一直以显著的活力在推进——总体而言给高等教育，尤其是学院，带来了一些新的难题。这些难题与年轻人能够为上大学做好准备的年龄有关，因而也与男孩们完成早期教育的各个阶段的年龄有关。在过去的60年里，哈佛大学的平均入学年龄一直在上升，如今已达到了18岁10个月这一颇高的限度。在这方面，哈佛大学绝非个例。实际上，许多乡村学院发现入学的年轻人年龄还要更大。毫无疑问，大学毕业生毕业时的平均年龄接近23岁。而现在，在获得文学学士学位后，他必须至少再花三年时间接受专业教育。

就令人满意的专业培训所需要的时长而言，自战争以来已发生了重大变化。20年前，在哈佛大学获取法学学士学位的学制为18个月，如今则是三年。美国联邦的许多州已通过法律，实际上将获取律师资格前的正常学习期规定为三年。有志向的医学生将其医学培训时间延长至四年。20年前，顶尖学院满足于让刚毕业的文科学生担任拉丁语、希腊语和数学的导师。如今，他们期望申请导师或讲师职位的候选人在获得学士学位后再投入两三年进行学习。学校董事会和受托人相应地变得更为严格。简而言

---

[1] 本文宣读于国家教育协会督学部在1888年2月16日举办的华盛顿会议上。

之，美国的专业教育正不断地变得更全面、更精细，因而对有志于从事这些职业的人所要求的时间也越来越多。一般而言，包括教学在内，为任何一门学术性职业做好充分准备的大学毕业生，在27岁之前几乎难以自立。

在美国这样一个新兴国家里，这种情况非常不合理——在欧洲那些历史最悠久、人口最稠密的国家中也很难找到类似的情况——因此迫切需要采取一些补救措施，而第一个补救措施就是降低大学入学的平均年龄至18岁，这一调整将节省大约一年的时间。在节省时间的同时，我们非常希望，美国大学入学新生的现有水平不应降低，因为节省的时间可能仍不足以满足需求，而公共利益将要求除此之外还要缩短四年制大学的常规课程的学习时间。因此，大学生们正焦急地期待着美国学校的课程能够既精简又丰富——精简，这样我们的孩子就可以在18岁而不是19岁上大学；丰富，以便他们18岁上大学时所具备的知识能够超过现在19岁上大学时所具备的知识，从而不降低文学学士学位的标准。

美国大学和学院整体相对衰落的状况，增加了负责大学教育的人士对这一问题的焦虑感。这一相对衰落早在近20年前就由哥伦比亚大学的巴纳德校长指出，近年来变得尤为明显。据最权威人士估计，美国人口每十年增长约三分之一。从1875年至1884年（含）这十年间，教育专员公布的表格中列出的大学和学院学生人数仅增长了11%，而不是33.33%。如果我们从同一表格中选择1876年至1885年的十年期，增长率则为16%，但这一更高百分比的增长率可以解释为，1876年的学生总数异常低，比1875年少了2400人。如果我们把被列为大学和学院的机构，以及所有理科学院和所有女子高等教育机构都加在一起，我们仍然会发现，尽管在十年间理科学院取得了巨大的进步，但这个扩大了的机构名单并没有像人口增长那样快地增加学生人数。因此，从1875年至1884年（含）这十年间，大学、学院、理科学院和女子学院的学生人数总共只增长了23%。显然，所有在 18 岁或 19 岁接收年轻男女并让他们接受三四年文科教育的机构都面临着严重的障碍。其中一个障碍无疑是，各大学总体上过于坚持中世纪的课程，但更大的障碍可能是，受过精心教育的孩子直到 27 岁或 28 岁才能在职业中自食其力，这给父母带来了沉重的负担。因此，研究"学校课程能否既精简又丰富"这一问题至关重要。

在研究这个问题时，我们自然会首先关注那些时常被称为预科学校的教育机构，即最好的高中和专科学校。但是，如果我们考察这些学校的课程，我们会发现，在这四年里，学生们的学习任务通常都很繁重。例如，位于新罕布什尔州埃克塞特的菲利普斯学院是美国最好的学院之一，其四年制课程安排得如此紧凑，以至于几乎无法提出任何压缩或精简课程的建议。但是，埃克塞特的入学要求是什么呢？"对一些公立学校的算术、写作、拼写和英语语法基础知识有所了解。"这些要求对于一个 8 岁离开小学的男孩来说是合理的。然而，埃克塞特的平均入学年龄是 16 岁半。当前，除非迫不得已，埃克塞特学院是不会满足于如此低的入学条件的。倘若能从一般的候选人那里获取更多，它定会提出更多要求，但它的学生来自广泛的地区，其经验也反对提出更高的要求。埃克塞特学院的课程本身就包含了一些适合十岁男孩的学习内容。因此，它花了很多时间在算术上，并教授英语和英国文学的基础知识。一所必须接受埃克塞特入学平均水平的孩子的中学，在 16 岁~20 岁的四年里，几乎不可能为他们做得比埃克塞特学院现在所做的更多。埃克塞特学院的情况在整个高中群体中具有普遍性。埃克塞特的情况适用于所有高中。他们必须弥补初中和小学教育的不足。因此，有必要从头开始审视美国的学校课程，从小学开始，经过初中和高中，寻找可以节省时间和劳动力的环节。

这个话题似乎主要是大学感兴趣的，但实际上其范畴要宽泛得多。首先，任何针对那些可能接受教育直至 25 岁的孩子的学校课程的改进措施，同样会为接受教育时间较短的那些不太幸运的孩子改进课程。公立学校永远不会将其培养的孩子中的很大一部分输送到高等院校。然而，通过使其课程满足最聪慧和最幸运学生的需求，可以使他们的课程可以变得最为充实和系统化。再者，我们有理由努力让公立学校的每个年级——小学、初中和高中——的课程，实际上是任何课程中的每一年，变得出色，同时也是对后续学习课程的良好铺垫。课程本身越出色，作为进一步学习的准备就越充分。对于小学和初中而言，这一原则完全适用。在高中和专科学校，这一原则仅对外语部分需要调整，对于这部分课程应允许有所选择。那么，"美国学校课程能否既精简又丰富"这个问题范畴广泛，触及全体民众的利益。

　　为了证明我们学校课程既精简又丰富的可行性，在本篇的最后部分，我们对两个公立学校课程——一个法国课程和一个美国课程——进行了实际比较，这两个课程覆盖了 8 岁~17 岁的学生。其中一个课程是法国中学的课程，该课程在法国所有称为高中的教育机构中开设；另一个课程是将波士顿文法学校前三年的课程与波士顿拉丁学校的完整课程相结合而制定的。我们假设波士顿学校是美国学校的典型代表。事实上，波士顿拉丁学校被认为是最好的，因为它是美国最古老、由地方税收支持的古典学校。在提到的表格中，这两个课程被并列放置，以便可以方便地比较同一年龄段的课程。在每个案例中，都列出了古典课程。但是，也可以在相应的课程之间进行类似的比较，在这些课程中，拉丁语和希腊语被其他科目所取代。在法国学校中，拉丁语和希腊语在很大程度上可以被数学和科学科目所取代，而在波士顿，英语高中学校提供了与拉丁学校类似的课程，但所有希腊语课程和一些或全部拉丁语课程都被数学和科学科目所取代。通过将比较范围限制在古典课程上，可以充分实现当前的目标。之所以选择法国课程而不是德国文理中学的课程，是因为法国课程是一个较低的比较标准，德国课程更加全面、复杂和困难。当前的法国课程是 1880 年~1885 年期间实施的一项课程的最新缩减版，缩减幅度约为 20%，且这两个课程（法国和美国）每周的背诵次数几乎相同。作为比较的标准，法国课程是外国课程中最优秀的，因为法国在社会上是民主国家，在政治上是共和国。在工业方面，法国是一个主要依靠其生产阶层的智慧和技能在激烈的国内外竞争中立足的国家。在这些方面，法国和美国非常相似。此外，法国男孩在体质、智力或耐力方面都不可能比美国男孩有优势。相反，他通常没有美国男孩那么高大，饮食上也没有美国男孩好。

将这两个课程并列进行简短的比较，可以发现几个重要的事实。法国课程明显更加充实，也就是说，它要求学生付出更大的努力，让学生更早地接触严肃的主题，并且通常以更具趣味性和激发性的方式来促进智力发展。例如，法国男孩在 8 岁时就开始学习一门外语，要么是英语，要么是德语；而美国男孩在五年后的 13 岁才开始学习现代语言，这时学习外语的最佳时期已经过去。法国 8 岁男孩通过传记学习，以非常有趣和富有启发性的方式开始学习历史；而美国男孩要到 13 岁才开始学习希腊历史，之前从未接触过历史。法国 8 岁男孩花在算术上的时间只有美国男孩的三分之一，在整个学习过程中，他花在数学上的时间也不超过美国男孩的三分之一，然而，从实用的角度来看，法国人在数学方面和美国人一样熟练。法国男孩比美国男孩更早地接触到自然历史，而且学习的内容也更好。此外，法国课程代表了一个实际事实，即绝大多数法国男孩都会按照课程规定的年龄定期通过这门课程；而波士顿拉丁学校的课程，原本是为 11 岁~16 岁的学生准备的，实际上涵盖了 13 岁~18 岁的学生。因此，在比较波士顿男孩和法国男孩的成就时，我们必须在美国课程规定的年龄上增加整整两年。这样一来，波士顿课程的不足就变得非常明显了。在美国课程中，没有任何一门科目法国男孩的成就会比美国男孩低。通过比较两门课程中的拉丁语和希腊语学习量，以及几何和物理的学习量，可以非常清楚地看到这一点。此外，法国的课程比美国的课程多了一年，而且是在哲学课程中，对哲学和伦理学进行全面的概述，美国从未对 17 岁男孩这样尝试过的，在法国却发现这种做法是可行的，并且非常有用。在法国的课程计划中，法语作为母语占据了压倒性的地位。在引入拉丁语和希腊语之前，法语占整个课程的一半。当拉丁语和希腊语的学习达到高峰时，法语仍然占据课程的大部分；在最后一年，也就是所谓的"哲学年"，法语几乎独占了课程计划。近十年来，美国顶尖学校在英语和英国文学的研究方面取得了巨大进步，但是，母语在美国学校中的地位还远远不如法语在法国学校中的地位。在法国公立中学，在学习代数之前，借助绘图就可以全面学习几何，法国男孩在 14 岁时就完成了平面几何的学习。另外，在波士顿拉丁学校，根据课程计划，男孩要到 17 岁才能完成平面几何的学习，而实际上要到 19 岁。对这两个课程计划的简要讨论可以合理地让任何人相信，法国男孩在达到"既精简又丰富"的目标方面取得了更大的成就。与同龄的美国男孩相比，法国男孩在 18 岁时取得的成就比美国男孩在最好的美国学校 19 岁时所能取得的成就还要大。对他们进行深入研究只会更坚定这一观点。

因此，这种比较并不能为急躁、激进的行动提供正当理由。它所提出的变革不是一蹴而就的，而应该成为多年耐心努力的目标。每个人都知道，外国的教育体制不能照搬照抄，一个国家的教育体制深受其政治、道德和工业条件的影响，中小学和大学的改进必然是一个缓慢的过程。然而，从这两个课程计划的比较中可以公正地推断出，美国中学的现状是落后的，美国不应该满足于这种状况，而应竭尽全力加以改善，因为有机会对美国的课程进行精简和丰富。如果说美国男孩最终表现还不错，而且美国社会作为一个整体与法国或德国社会一样聪慧，那么现成的答案是，自由制度本身对民众而言就是一种相当重要的教育。但是，拥有自由制度的国家在欧洲处于优势，不应该使它在学校方面甘愿处于劣势，它也应该致力于拥有最好的学校。如果有可能让美国的小学和中学变得更好，那么改进工作就应当启动。

从上述情况可以合理推断出，改进是可行的。因此，考虑从小学到高中改进美国公立学校的一些方法将是有益的。

1. 更好的课程需要更好的教师。法国和德国中学与美国中学之间的巨大差异在于教师的质量。提高公立学校教师队伍整体素质有两种模式需要特别关注。首先，学校委员会、校长、教师自己以及所有公立教育的支持者都应该不断努力，为美国教师争取更好的职位保障。除非像德国和法国的教师那样，经过充分考验的教师能够因为良好的行为和效率而获得长期任期，否则美国学校永远无法与德国和法国的学校相提并论。长期任期会带来思想、尊严和内心的平静，而公立学校要想在我国与私立教育机构的服务方面成功竞争，就必须在这方面与私立教育机构不相上下。其次，提高公立学校中男性教师的比例（目前这一比例较低）可以提高教师的平均技能。这正是美国教学不如法国和德国教学的原因之一。在美国学校中，女教师的比例远高于欧洲。在任何公立学校体系中，女性比例越大，每年新聘用的教师比例就越大，临时替代教师的数量也就越多。新聘用的教师和替代教师通常意味着缺乏经验的教师，或者说是教师突然被安排在不熟悉的地方工作。当然，男性作为教师的这种优势与男性和女性的相对智力或专注度无关。众所周知，许多女性进入公立学校任教，但并没有长期从事这项工作的打算，而且女性缺勤的次数是男性的两到三倍。把教学作为临时手段的年轻人也是不合格的。学校需要训练有素、经验丰富，能终生从教的教师。除了提升公立学校教师平均素质的两个最重要手段之外，还有一些不应忽视的辅助手段。因此，校长和董事会可以通过始终主张将资金用于教学，而不是用于机械装置或建筑，来改善教师（薪酬）水平。廉价的教师与昂贵的设备和建筑恰恰是不明智的做法，尤其是如果精美的建筑最终并不防火。此外，当然可以通过设立教师资格考试来改善公立学校的教学，从而确保教师平均水平的提高，也可以通过监督方法了解试用教师的相对优缺点。在过去十年（1878 年～1888 年），这方面取得了较大的进展。

2. 另一个不懈努力的方向应该是改善课程。因为课程对于从上到下整个学校体系的稳步发展至关重要。当然，好的课程不会自行实施，它必须由教师来赋予活力，但一个不恰当的课程几乎是一个城市学校不可逾越的障碍。通常，从小学一年级开始，美国的课程似乎就不够充实。课程内容不够丰富。它们没有让孩子快速进步以保持他的兴趣，也没有激励他发挥出自己的力量。人们经常抱怨公立学校的压力过大，但弗里德里希·保尔森可能说得对，不是工作导致过度疲劳，而是缺乏兴趣和缺乏有意识的进步。即使他再怎么努力，觉得自己一事无成的感觉会压垮最强壮的成年人，更不用说一个孩子了。一道他解不出的算术题会比十道他能解出的题更折磨一个孩子。在一个小时内做他毫无兴趣的工作，比做两个小时他感兴趣的工作更让他感到疲倦。现在，公立学校大部分工作的问题在于，这些工作对孩子的思维而言，既深奥又不可避免地无趣。因此，要丰富学校课程，让严肃的主题比现在更快地相互衔接，并不一定会增加孩子的压力，但一定会提高对教师技能的要求。因此，教师教学水平的提升必须与课程的改革齐头并进。减轻压力最好的方法是增加兴趣、吸引力、获得感和成就感。美国中小学的教学主要是驱动和评判，但它应该变为引导和激励。这里有美丽的田野——我会引导你穿越它们；这里有这些有益的练习——我会教你如何练习；这里有这些高峰——我会带领你攀登它们。

3. 在中小学减少复习次数，不追求通过复习和随后的考试来强制达到精确程度，从而节省大量时间。为什么要习惯性地要求孩子们具备成年人都很少拥有的知识和表述的精确性呢？有多少受过良好教育的成年人能够正确地将长长的数字列相加，或者找出6个、8个数字的最小公倍数、最大公约数呢？只有不断练习才能让人熟练，我们有理由庆幸很少有人被迫进行必要的练习。很少有成年人能够准确地记住大量孤立的事实，而且人们通常观察到，擅长此道的人往往不是最优秀的人。我们为什么要求孩子做我们自己都不愿做的事情呢？与其在掌握一门学科之前再去学习另一门学科，不如在还未完全掌握较低级学科之前就去学习更高级的学科——因为完全精通一门学科是极其罕见的。根据精通理论，我们成年人应该进行多少新的阅读或思考呢？与其复习算术，不如学习代数，因为代数能阐释算术，并提供许多算术运算的实例。与其重读一个熟悉的故事，不如读一个新的故事，新故事会更有趣，而且常用的词汇会再次出现，这些常用词汇恰恰是最有价值的。与其复习北美地理，不如研究南美地理。在那里，学生也会发现山脉、分水岭、高原、平原、大河和等温线。真正有利于复习一门学科的时间不是我们刚刚学完它的时候，而是我们用它来研究其他学科，并看到它与其他学科的关系以及它的用处之后。例如，法国的课程设置将算术、代数和几何的复习安排在最后一年。在男孩学习了代数和几何后，数学能力得到了加强，同时在测量学和代数的学习中进行了大量的算术练习，因此在17岁再回头看算术时，他会发现算术比14岁时容易得多。此外，法国男孩还避免了那些最令人沮丧的算术难题，而这些难题通过一点简单的代数就可以轻松解决。许多受过教育的新英格兰人至今仍记得，当他们发现自己在科尔伯恩的《续集》中苦苦挣扎了几个小时的问题，在学了谢尔温的《代数》一半之后，几分钟内就能解决时的那种沮丧感。让孩子们用一种困难的方法，而这种方法在现实生活中从未使用过，去做一两年后他们就能轻松做到的事情，难道不是对孩子时间和精力的极大浪费吗？在任何人必须遵循的训练过程中引入任何人为的困难都是不可饶恕的教育罪过。这个世界已经足够艰难了，我们没有必要再人为地制造困难，尤其是对孩子。在仔细研究了目前公立学校多年来的教学计划后，我们发现，许多地方都可以通过放弃追求过分和不自然的准确性来节省时间和减轻压力。考试的最大弊端之一在于，它们对成绩的准确度赋予了人为的价值。优异的考试成绩并不总是能证明接受考试的孩子所接受的训练是最好的。

4. 在我国出版的几乎所有学校的统计资料中，都显示出各个年级都有太多年龄偏大的孩子，他们显然被耽搁了。造成这种现象的原因似乎一部分是由于教师追求的目标，另一部分是由于家长的谨慎。以具体案例说明：波士顿小学旨在为 5 岁~7 岁的儿童服务，但过去三年中，44% 的学生年龄超过了 7 岁；同样，该市文法学校旨在为 8 岁~13 岁儿童服务，但过去三年中，有 20%~24% 的学生年龄超过了 13 岁。前面已经提到，进入拉丁学校的平均年龄不是课程上标注的 11 岁，而是 13 岁零三个月。过去三年中，波士顿文法学校的毕业班中有 1/3 到一半的学生在校时间超过六年，而课程规定只需六年。波士顿小学和文法学校的趋势是错误的，也就是说，1887 年超龄学生的比例高于 1877 年。教师的目标倾向于让孩子在各个年级停留太长时间，因为他们希望自己的学生在定期考试中表现良好，也喜欢让聪明的孩子留在班级里帮助迟钝的孩子。家长的谨慎也会导致同样的困难，因为他们害怕孩子承受过大的压力，他们不明白，孩子和成年人一样，遭受伤害的更多是忧虑而不是工作本身，或者他们发现现有的制度给工作又增加了忧虑。儿童在常规课程中进展缓慢的原因之一，也是因为他们被灌输了这样一种夸大的观念，即在学习另一件事之前，必须掌握一件事。这种进展缓慢的结果是，孩子上高中或拉丁学校的时间太晚，因此如果他想从商，就无法完成更高层次的学习；如果想接受更长时间的教育，就会错过上大学的机会。大多数孩子应该按照课程上规定的年龄，按时从一年级升到二年级，任何妨碍这种正常进度的考试方法都是弊大于利。近年来，人们对半年升级制度和其他加速优秀学生学习进度的手段进行了许多尝试。这些尝试的目的是值得赞扬的，但统计数据让人怀疑，半年升级制度是否真的能促进学生的学习，以及它是否会在不适当的程度上扰乱学校工作的有序进行。一般来说，任何学校的工作都必须按年进行规划。因此，不规则的升级制度几乎无法为普遍存在的进度缓慢问题提供解决方案。❶

5. 如果我们回顾美国学校历史上的一代人或两代人，我们会发现，虽然同期学校建筑在通风方面有了很大改善，并引入了唱歌、体操和军事训练等各种体育锻炼，但孩子们每年在学校的时间明显减少。学校课时的缩减已达相当程度，应当采取一些反向的举措。理想的学校应当运作得当，确保孩子入学后体质不受损害，日常生活的乐趣也不应减少。那么，延长在校时间就并非不安全或不受欢迎。应该是教师需要休息和假期，而不是孩子。在城市中，假期学校似乎是对我们现有教育体制的一种理想补充。对于在家中拥有某些智力资源，或者能够在假期前往乡村或海滨，并在那里学到书本之外知识的孩子而言，长假可能是一件极好的事；但对于那些无法在家中提供任何智力生活的无知或粗心的父母的孩子来说，长假很可能会造成严重伤害，在城市和大城镇尤其如此。假期学校往往有助于提升或维持那些处于最不利境地的孩子的水平，从而加快全年的总体进步速度。本次演讲的主要目的是，首先，指出一个困扰整个美国教育进程的严重困难；其次，简要指出在改善我们学校体系方面可以明智地投入努力的一些方向，以便学生能在更短的时间内接受更优质的教育。依靠专业经验和热情，校长和教师将知道如何设计和执行恰当的缓解和改进措施。

---

❶ 自 1888 年以来，不规则的快速升级制度得到了极大的推动。

《法国和美国公立学校课程之比较》

（用以阐释前文所述内容）

法国中学课程方案（1885 年）

古典课程：

在预备班以及八年级和七年级，每周教学时长为 20 小时，其中包括每周 1 小时的绘画课。

预备班，年龄：8 岁

法语：每周 9 小时，包括阅读、拼写、写作和最基本的语法规则。

德语或英语：每周 4 小时。阅读和写作练习、发音、语调、（语言学习中）不可或缺的范式。

历史：每周 1 小时。杰出人物传记——旅行家、爱国者、发明家。讲述法国历史上至 1789 年的伟大人物。

地理：每周 1 小时。自然地理学主要术语的意义，以所在城镇或县为例进行说明。法国自然地理概要。地理绘图，使用地球仪、图表和黑板进行说明。学习各大洲地理知识。

算术：每周 14 小时。心算、整数运算。

实物教学：每周 1 小时。煤、金属、硬币、云、雨、雪、冰、泉水、小溪、湖泊、井、运河、海水、盐、风、风暴、常见动植物（这组科目持续 2 年）。

绘画：每周 1 小时。直线、角度、圆、多边形、星星、椭圆、螺旋、植物曲线、透视初步概念（这组科目持续 3 年）。

第八级，年龄：9 岁

法语：每周 9 小时。阅读、拼写、写作、语法和小作文。复述描述。

德语或英语:每周4小时。语法初步概念、阅读、写作、拼写、常用短语。英语教材——埃奇沃思小姐的故事。

历史:每周1小时。法国历史概要至路易十四。

地理:每周1小时。欧洲、亚洲、非洲、美洲和大洋洲的基础地理知识。探险之旅。

算术:每周2小时。整数。心算练习。简单问题。

实物教学:每周1小时。针对预备班课程计划中提到的某些物体进行练习。

绘画:每周1小时。与预备班相同。

第七级,年龄:10岁

法语:每周9小时。与往年一样的句法。

德语或英语:每周4小时。语法。助动词和不规则动词。简单的散文。阅读和会话练习。英语文本——《桑福德和默顿》以及《老波兹》。

历史:每周1小时。从路易十一到1815年的法国历史。

地理:每周1小时。法国基础地理。

算术与几何:每周2小时。整数和小数。公制。几何图形。

石头与土壤:每周1小时。石灰石、石灰窑、灰浆、石膏、黏土、砖块、陶器、石英、燧石、磨石、花岗岩、沙子、漂砾、壤土、土壤、化石、采石场、火山。

绘画:每周1小时。与预备班相同。

在第六级及更高年级,每周授课时数为20小时,此外还有2小时的绘画课。

第六级,年龄:11岁

法语：每周 3 小时。语法。法国经典作品中的散文和诗歌选段。拉封丹的寓言。简单的作文。

拉丁语：每周 10 小时。语法基础。《罗马伟人》。将法语短语翻译成拉丁语。

德语或英语。每周 2 小时。语法、阅读、会话、书面练习。英语课文——埃奇沃思的故事、艾金和芭博尔德的《家庭夜话》、英国历史入门。

历史：每周 2 小时。东方古代史——埃及、亚述、巴勒斯坦、腓尼基、波斯。

地理：每周 1 小时。欧洲和地中海盆地。

算术与几何：每周 1 小时。学习普通分数、小数、球体、极点、经线、纬线、纬度和经度。

动物学：每周 1 小时。涉及人类、脊椎动物、节肢动物、蠕虫、软体动物以及全球主要地区的动物群。

绘画：每周 2 小时。学习带有阴影的透视画法，以及对浮雕装饰、建筑碎片、人物头像等进行的绘画（这些科目为期两年）。

第五级，年龄：12 岁

法语：每周 3 小时。继续前一年的内容，学习拉封丹、布瓦洛、拉辛、费内隆、布丰等人的作品节选。

拉丁语：每周 10 小时至 1 月 1 日，之后每周 8 小时。学习语法、句法、韵律元素，以及费德鲁斯、奥维德，和奈波斯的作品节选。进行拉丁语作文练习，包括书面和口头。

希腊语：从 1 月 1 日起，每周 2 小时。学习语法、重音、词形变化。

德语或英语：每周 2 小时。包括阅读、写作、对话和翻译。英语文本包括斯科特的《祖父的故事》、富兰克林的《自传》以及希腊历史的入门读物。

历史：每周 2 小时。学习希腊历史。

地理：每周1小时。学习海洋、非洲、亚洲、大洋洲和美洲的自然地理，以及主要国家、首都和商业港口、欧洲殖民地。

算术与几何：每周1小时。学习比例规则、利息、折扣、面积和体积的测量。

植物学：每周1小时。学习植物的器官——根、茎、叶、花、果实、种子，以及植物界的分类，并概述全球主要地区的植物群。

绘画：见前一年。

第四级，年龄：13岁

法语：每周2小时。完成语法学习，学习拉辛、塞维涅夫人和孟德斯鸠的作品节选，以及法语和拉丁语结构的差异。

拉丁语：第一年每周5小时，第二年每周6小时。学习维吉尔和奥维德的作品节选，凯撒的《高卢战记》，昆图斯·库尔提乌斯。进行拉丁语作文练习，包括口头和书面。

希腊语：每周6小时。学习语法、句法元素和简单作文，以及色诺芬和卢西安的作品节选。

德语或英语课程：每周2小时。包括阅读、写作、会话和翻译。英语文本包括笛福的《鲁滨孙漂流记》、欧文的《哥伦布航海记》、科纳女士的《罗马史》。

历史：每周2小时。学习罗马史。

地理：每周1小时。学习法国地理及法国殖民地。

几何：每周1小时。学习直线、角、三角形、平行四边形、圆、割线、切线及角度测量。

地质学：第一年每周1小时。学习主要岩石类型、地壳的持续变化以及主要地质时期（原生代、中生代、新生代和冰川期）。

绘画：每周 2 小时。从建筑碎片开始，学习人体（通过版画和浮雕），以及一些建筑设计的机械制图。

第三级，年龄：14 岁

法语：每周 2 小时。学习高乃依、拉辛、布瓦洛、博絮埃、费内隆等作家的作品。进行作文练习，概述文学历史。提供法国作家作品的免费阅览室。

拉丁语：每周 5 小时。复习语法，学习韵律。学习大量李维、西塞罗、普林尼、萨卢斯特、维吉尔的作品。

希腊语：每周 5 小时。继续学习语法。学习荷马、希罗多德、色诺芬、卢奇安的选段。

德语或英语：每周 2 小时。提供多种教学内容。英语文本包括《威克菲尔德牧师》《莎士比亚故事集》，麦考莱的《英国史》第一卷。

历史：每周 2 小时。学习欧洲史，特别是从 395 年到 1270 年的法国史。

地理：每周 1 小时。学习欧洲的自然、政治和经济地理，以及每个国家的地理。

算术、代数和几何：每周 2 小时。完成算术学习（包括平方根和比例）。学习代数的基本原理。完成平面几何学习（包括圆的面积）。

物理：每年每周 2 小时。学习重力、液体和气体的性质、比重、气压计、热等。

绘画：每周 2 小时。学习装饰图案、女像柱、浮雕，多立克、爱奥尼亚和科林斯柱式，以及人体和动物绘图。

第二级，年龄：15 岁

法语:每周 3 小时。从 16 世纪到 19 世纪的十位作者的作品中精选学习。

拉丁语:每周 4 小时。韵律学,学习贺拉斯的诗歌韵律。包括维吉尔、贺拉斯、西塞罗、李维和塔西佗的作品。

希腊语:每周 5 小时。语法复习。广泛学习荷马、欧里庇得斯、柏拉图、色诺芬和普鲁塔克的作品。

文学历史课程:每周 1 小时。专门用于讲授希腊(10 讲)、拉丁(10 讲)和法国(15 讲)文学历史。此课时从三门语言课程的时间中抽调。

德语或英语课程:每周 2 小时。语法复习。阅读、会话、翻译和写作。英语文本包括《朱利叶斯·凯撒》《被遗弃的村庄》《斯科特游记》《圣诞颂歌》《大卫·科波菲尔》以及英国历史学家的作品节选。

历史课程:每周 2 小时。欧洲历史,特别是 1270 年至 1610 年的法国历史。

地理课程:每周 1 小时。非洲、亚洲、大洋洲和美洲的地理。包括气象学、气候学、生产、商业关系、蒸汽和电报线路。

代数与几何课程:每周 2 小时。完成二次方程式的代数学习。立体几何学到圆锥。

物理课程:每周 2 小时。全年学习电学和磁学、声学。

绘画课程:每周 2 小时。与前一年相同。

修辞学班,年龄:16 岁

法语:每周 4 小时。学习 17、18、19 世纪的 11 位作家。路易十三时代以来的法国文学历史 15 课。

拉丁语:每周 4 小时。学习泰伦斯、卢克莱修、维吉尔、贺拉斯、西塞罗、李维和塔西佗的作品。

希腊语：每周 4 小时。学习荷马、索福克勒斯、阿里斯托芬、柏拉图和德摩斯梯尼的作品。

德语或英语：每周 2 小时。学习英语作家如莎士比亚、华盛顿·欧文、拜伦、丁尼生、狄更斯和乔治·艾略特的作品。

历史：每周 2 小时。1610 年至 1789 年的欧洲历史，特别是法国历史。

地理：每周 1 小时。法国及其殖民地的自然、政治、行政和经济地理。

几何学与宇宙志：每周 2 小时。学习立体几何学至球体。天体球、地球、太阳、时间、月亮、日食、行星、恒星、万有引力、潮汐。

化学：每周 2 小时，第一年。课程内容包括氢、氧、氮、氯、硫、磷、碳、硅以及它们最重要的化合物。同时介绍金属、氧化物和盐的一般概念，以及主要的有机化合物。学习命名法和符号表示法。

绘画：从自然中描绘人体头部。从版画和自然中描绘风景。

哲学班，年龄：17 岁

心理学、逻辑学、伦理学和形而上学：每周 9 小时，其中 8 小时用于一般课程及两位法国作者的作品学习，1 小时用于学习一位拉丁语作者和一位希腊语作者的作品。每年从包含笛卡尔、马勒布朗士、帕斯卡尔、莱布尼茨、孔狄亚克和库辛等作家列表中选择两位法国作者作品。课程内容涵盖感觉、智力、意志的论述，形式逻辑与应用逻辑，道德与职责，家庭与国家，政治职责，劳动、资本与财产，永生与自然宗教等。

历史：每周 2 小时。当代历史，从 1789 年至 1875 年。

算术、代数和几何：每周 4 小时。复习这些科目的全部课程内容。

物理学：每周 2 小时。光学。物理学的应用——蒸汽机、磁电机器、电镀、电话。

动物与植物生理学：每周 2 小时。营养学，感觉器官、发声器官、运动器官、神经系统。植物的营养与繁殖。

绘画：每周 2 小时。与上一年相同。

波士顿文法学校（前三年）和公立拉丁学校（1887 年）课程方案

在文法学校，每周教学时间为 22 小时，包括绘画和音乐。

第六级（文法学校），第一年课程，年龄：8 岁

英语：每周 11 小时。口头和书面练习。阅读。科学课程，用图片说明各种行业等，复述故事。背诵。根据黑板内容和口授要求写作。书信写作。指定阅读材料。

地理：每周 2 小时。地球是球体。地图。半球、大陆、海洋、气候、最重要的国家、民族、城市。

算术：每周 4 小时。整数至 100000。小数。美国货币。液体和干货度量。口语练习。

基础科学：每周 2 小时。结合卫生知识讲解人体。植物（5 月至 7 月），幼苗，海绵，珊瑚，牡蛎，蛤蜊，蜗牛，贝壳，空气，风，雨，霜，雪，冰雹，冰。

绘画：每周（此处应为笔误，应为 1 小时）。圆、椭圆、曲线。多边形。根据听写和记忆绘画。

音乐：每周 1 小时。练习和歌曲。写作练习。

第五级（文法学校），年龄：9 岁

英语：每周 11 小时。与上一年相同的教学方法。

基础科学：每周 2 小时。卫生学。植物（9 月至 11 月，以及 5 月至 7 月）。动物——龙虾和昆虫。太阳、月亮和星星。周边排水系统。岩石和土壤。

地理：每周 2 小时。重要的国家——我们自己的国家优先。自然特征、气候、产物、人口、政府、习俗和城市。

算术：每周 4 小时。整数和小数（继续学习）。常衡制重量和时间单位。普通分数的口头问题。

绘画：每周 1 小时。二维物体。八边形、螺旋形、简单装饰。

音乐：每周 1 小时。半音阶、呼吸、歌曲。

第四级（文法学校），年龄：10 岁

英语：每周 10 小时。口头和书面表达，包括写作 5 小时、阅读 5 小时。更高等级的书籍和方法。

卫生学：每周 1 小时（继续学习）。

算术：每周 4 小时。普通分数。长度、面积和体积的度量。小数（继续学习）。

地理：每周 3 小时。子午线和平行线、地带、风、洋流，影响人类的气候。北美洲、南美洲和欧洲的自然地理。地图绘制。太阳、月亮和星星的视运动。季节。

观察课：每周 1 小时。常见的金属、矿物和岩石。

绘画：每周 1 小时。装饰。几何形状。从植物形态出发的基础设计。基于椭圆形的物体。圆柱体、圆锥体和花瓶。凭记忆绘画。

音乐：每周 1 小时。音阶和五线谱间隔。不同的调，至多三个升号和四个降号。

在拉丁学校，每周的教学时长为 20 小时，包括 2 小时的军事训练。

第六级（拉丁学校），年龄：11 岁

英语：每周不少于 3 小时。大声朗读并背诵散文和诗歌选段。阅读美国历史。语法。口头和书面摘要。写作。拼写。

拉丁语：常规形式。拉丁语译成英语，英语译成拉丁语。根据听写书写拉丁语。词汇。

地理：自然地理和政治地理，包括绘制美国、欧洲国家和北美洲其他国家的地图。

算术：复习。公制。百分比及应用。

几何：口语。形式和简单命题。

生理学：口语教学，3 月 1 日开始。

军事训练：每周 2 小时。

第五级（拉丁语学校），年龄：12 岁

英语：每周不少于 3 小时。学习散文（如《坦格尔伍德故事集》《富兰克林自传》《英国历史》）和诗歌（从霍姆斯、布莱恩特和斯科特的作品中选取）。方法同前几年。

拉丁语：翻译简单的散文和凯撒的《高卢战记》第一、二卷。进行无准备的翻译、听写练习、背诵段落，以及将英语句子翻译成拉丁语（类似凯撒的风格）。

地理：学习南美洲、西印度群岛、亚洲、非洲和大洋洲的自然地理和政治地理，包括地图绘制。

算术：口试和书面练习。学习百分比、简单和复合利息、折扣和部分付款、复合数、比例和比率、幂和根。

几何：测量学及口试几何。

动物学：从 3 月 1 日开始进行口语教学。

军事训练：每周 2 小时。

第四级（拉丁语学校），13 岁

英语：每周不少于 3 小时。学习散文（如《荷马故事集》《两年海员生涯》《普鲁塔克希腊名人传》）和诗歌（从洛威尔、格雷和金史密斯的作品中选取）。进行摘要、描述和口语练习。

拉丁语：学习凯撒的《高卢战记》第三、四卷，奥维德 1000 行诗，维吉尔的《埃涅阿斯纪》第一卷。学习一些韵律知识。方法同前。

法语或德语：学习发音、规则动词、简单散文翻译、听写、词汇以及将英语翻译成法语或德语。

地理：总复习，天文和物理现象，不同国家的政治和商业关系。

历史：希腊史及历史地理。

动物学：3 月 1 日开始口语教学。

代数：包括算术的泛化。

军事训练：每周 2 小时。

第三级（拉丁语学校），年龄：14 岁

英语：每周不少于 3 小时。学习散文（如普鲁塔克的《罗马名人传》）、艾迪生在《旁观者》上的文章、斯科特的一部小说）和诗歌（如麦考莱的诗歌、丁尼生的部分诗歌、爱默生和华兹华斯的诗歌）。进行摘要、作文和外语翻译。

拉丁语：学习维吉尔的《埃涅阿斯纪》第二至四卷、萨卢斯特的《喀提林阴谋》、西塞罗的简易段落。进行无准备翻译，背诵段落，英语转拉丁语。

希腊语：学习形式，翻译《远征记》的 25 页内容。进行无准备翻译，听写希腊语，词汇学习，英语转希腊语。

法语或德语：阅读，现代散文的口试和书面翻译，听写。背诵段落，词汇学习，英语转法语或德语。

历史：罗马史及历史地理。

植物学或物理：3月1日开始。

代数：包括对算术的概括以及其应用。

军事训练：每周2小时。

第二级（拉丁语学校），年龄：15岁

英语：学习莎士比亚的一部戏剧，部分大学入学要求的英语内容。朗诵散文和诗歌，进行翻译和作文。

拉丁语：西塞罗的四篇演说、维吉尔的《牧歌》及《埃涅阿斯纪》第一至四卷的复习。即时翻译、背诵、词汇记忆、英语到拉丁语的翻译。

希腊语：《远征记》第一至四卷。从色诺芬的著作中进行即时翻译。听写希腊语、词汇记忆、英语到希腊语的翻译。

法语或德语：与上一年相同。

历史与地理：完成希腊和罗马的历史与地理学习。

代数：学习二次方程式。代数与算术复习。

几何：开始平面几何的学习。

植物学或物理学：3月1日开始。

军事训练：每周2小时。

第一级（拉丁语学校），年龄：16岁

英语：达到大学入学要求的英语水平。散文和诗歌的背诵、翻译和写作。

拉丁语：《埃涅阿斯纪》第五至九卷。西塞罗的三篇演说。即时翻译。方法与上一年相同。

希腊语：从希罗多德的作品中挑选并学习。即时翻译。《伊利亚特》第一至三卷及韵律学。希腊语写作。

法语或德语：准备并即时翻译一部或多部法国或德国经典作品。阅读法国或德国历史。其他方法与上一年相同。

几何：完成平面几何的学习。

军事训练：每周2小时。

波斯顿课程方案（波士顿课程计划中没有与法国课程计划中哲学班相对应的课程）。

马萨诸塞州一所普通的
文法学校

1890 年 **11** 月 **28** 日

马萨诸塞州一所普通的文法学校[1]

我要冒昧地向熟悉马萨诸塞州文法学校的听众讲述这类学校的实际工作，尽管我本人并没有基于长期的观察和实践而对这类工作有透彻的了解。对于马萨诸塞州的文法学校，我显然是个局外人。我既不是文法学校的学生，也不是老师，而且对这个学校造访的次数也是寥寥无几。必须从一开始就承认，我比一般的局外人还要糟糕，我是一个心怀不满的局外人。我观察到，在大学方法论的批评者中，心怀不满的局外人是一种难以对付的批评者。无论如何，局外批评者在批评一开始就应该表明自己心怀不满。我的不满在于，美国男孩平均在 19 岁时进入大学，但他们所知道的东西远远少于他们应该知道的，也远远少于斯堪的纳维亚、德国、法国和英国等国同龄男孩所知道的东西。多年来，我一直在寻找美国男孩素质低下的原因。我不相信这是遗传或气候的问题，我确信，这也不是政治制度所导致的固有问题。两年前，我仔细研究了美国最好的高中和学院的课程设置或教学计划，尽管我成功地找到了一些可以精简和丰富课程内容的地方，但我确信，我所担心的主要问题并不在这些教学计划中。最近，我一直在调查小学和文法学校的课程设置，但脑海中一直萦绕着一个念头：我能否在学生或教师身上找到一些漏洞、一些浪费时间的行为，或者一些在

---

[1] 本文于 1890 年 11 月 28 日的马萨诸塞州教师协会上宣读。

努力方向上犯的错误？我能否在这两类学校中找到一个有可能的地方，来补救我们的孩子在 19 岁时公认的不足？

当我们试图考察美国的文法学校体系时，要知道的是，一所普通的文法学校实际上做了什么。现在，在美国没有人能知道确切的情况。我曾竭尽全力地试图去了解在美国文法学校的一个具有代表性的样本中，男孩或女孩所能达成的成果，而努力的主要结果是确信无人能够确定这种具有代表性的成果到底是什么。我敢说，任何人都无法确定这一点。造成这种情况的原因有很多。我们没有完善的国家或州级监督体系，也没有常设的、经验丰富的检查机构。公共教育是由市政当局和城镇组织的，而这些市政当局和城镇各自为政，很少合作或协调，这导致文法学校没有被广泛认可的标准。但同样，在一个城市的不同文法学校中，往往存在着很大的差异。一所文法学校完成的工作量往往与四分之一英里内另一所文法学校的工作量截然不同，波士顿市的文法学校在学生完成的工作量、教师的教学方法以及校长的目标上都存在很大的差异，在同一个城市里，几乎不可能确定一所普通文法学校的平均工作量是多少。此外，农村学校也呈现出各种各样的情况和结果。

因此，我的研究主题极为困难。必须在一开始就承认，我无法告诉你马萨诸塞州普通文法学校的实际工作是什么。我唯一的资源是城市中一所特定文法学校——既不在大城市中，也不在小城市里的文法学校；既不是城市中最好的学校，也不是最差的；一所拥有优秀校长、合理教师团队和混合学生群体的学校——这里的混合指的是学生的国籍、宗教和社会状况。自认为对那所学校的实际教学工作有了相当不错的了解。然而，我不敢妄称能够确切地阐述出来，原因在于——而且这个原因适用于我们全州乃至全国大多数的文法学校——同一年级不同教室的教学工作存在相当大的差异。这种差异归因于教师的不同。一位教师可能比另一位更机敏、更能激发学生，因而其学生的成绩也更好。尽管存在这些困难，我发现对这所颇具代表性的学校所做实际工作的考察还是充满了启示。让我先谈谈上学时间的问题。

在这个只有中等数量文法学校的小城市里，学生一周上学五天，每天四个半小时，即上午9点到11点30分，下午2点到4点，周六不上课。在一年中光线最差的那段时期，下午的课是从1点30分到3点30分。我的第一个批评意见是上学时间太短。在每周这么短的时间内，我们无法完成9岁~15岁儿童应该合理完成的学业。外国学校的上课时间更长，这也是他们取得更多成就的原因之一。我认为，放弃整个周六课程是一个错误，最好回归我们先辈的做法，即周三和周六上半天的课。我认为应该在一周的四个全天里每天上五个小时的课，在每周的两个半天里每天上三个小时的课，这样一周就有26小时，而不是22.5小时。这一增加量乘以学年中的周数，将会产生重要影响。

我还必须表达一个观念，即孩子们无法承受现在给他们放的这么多假期，特别是在大多数孩子无法离开城市、也没有足够的事情来打发两个月或更长时间的暑假。老师们需要假期，但学生们不需要。事实上，大多数学生都会因此受到伤害或遭受损失。夏季半日制学校会增加城市学校的总成本，但无论是对家长还是对孩子来说，该支出所获得的价值将是巨大的。

当我们要求学校增加上课时间时，总会遇到这样的反对意见：孩子们几乎无法承受他们现在所承受的压力。难道要让他们负担更重吗？我相信有三个很好的答案可以反驳这个观点。第一个是通风。如果你能把教室里多余的二氧化碳排出去，就可以让孩子们在里面待得更久，而不会像现在这样伤害他们。同样的话也适用于老师。老师们习惯于在恶劣的空气中工作，这大大增加了他们的压力。第二个是，通过在上课时间和教室内系统地进行体操运动，可以大大减轻孩子们的压力。我认为美国人民应该在这方面向欧洲国家学习。已经明确证明，在斯堪的纳维亚和德国的公立学校中，课间短暂的体操锻炼确实能让孩子们保持良好的身体状态，并使他们能够在不受伤的情况下承受比我刚才为美国孩子提出的更大的脑力劳动量。第三个是，将学习变得饶有趣味而非枯燥乏味，能够显著减轻孩子们的压力或紧张情绪。精神上的兴趣对于防止或减轻疲劳的作用令人称奇。正如近期阅读在我抽样的那所文法学校所使用的读物、所做的算术题、所读的地理和礼仪方面的书籍时察觉到的，在我看来，通过这些书籍所呈现出来的教学主要特征（除非因教师的个人特质而有所改善），就是枯燥无味、完全缺失人文关怀，进而导致孩子缺乏不断提升的感知能力。没有什么比枯燥、无望的努力更使人疲倦，还伴随着一种不管自己如何竭尽全力都无法成功的感受。这就是美国学校中众多孩子所处的状况——不是半小时的状况，而是日复一日、月复一月的长期状况。使工作变得有趣，让孩子们有成就感，那么他们现在所感受到的压力就会大大减轻。

接下来，我转而探讨这所文法学校完成作业量的问题——首先是阅读量。在这所学校中，通过拼写课本、小语法书以及用于学习英语的各类其他辅助工具，投入阅读和英语学习上的时间，在六年的全部在校时间中占比 37%。但在此期间的阅读量究竟如何呢？我获取了两份经过审慎评估得出的估计数据，其内容是一名高中毕业生连续大声朗读该校六年内所读的全部书籍（包括历史、地理阅读课教材以及礼仪方面的书籍）所需的时间。这两份评估是由两人以中等速度大声朗读做出的，他们朗读了该校大多数班级的学生在六年课程中理应读过的所有内容。完成此次朗读所耗费的时间为 46 小时。因此，这些孩子花费了超过整整两年的在校时间来完成普通高中毕业生 46 小时就能大声读完的内容。在此，我要提及此次考察中的一个于我而言颇具启示性的细节。大声读完一本早期的读物需要一个半小时。对该读物中的单词进行了计数，发现单词数量约等同于一份普通周日报纸的三页，或者一份印刷质量更佳的报纸的四页半的单词量。六年内实际学到的词汇量很少，涉猎的文学作品数量也很少。如果成年人在六年内阅读的总量仅限于在 46 小时内大声朗读的总量，或者每天只读一分钟十五秒，那么他们对英国文学的了解会有多么浅薄！当然，这种检验文法学校完成工作量的测试是非常粗略且不足的，它完全不能代表儿童思维的努力，也不能代表教师的劳动。但它提供了一些线索，说明孩子们在整个六年课程中对文学的了解非常有限。

算术是美国学校课程中用于训练所谓推理能力的主要科目。至少，在整个文法学校的学习过程中，很难找到其他具有特定倾向来发展推理能力的科目。然而，数学中运用的推理是一种极为特殊的类型，是我们在现实世界中极少使用的，并且在人文科学中毫无用处。数学处理的是确定性和证明——这些与日常生活几乎没有关系。在我抽样的文法学校中，算术所占用的时间几乎是六年总课时的 21%。至于 21% 是太多还是太少，留给其他人去思考。事实上，孩子们六年的总时间中有超过五分之一被用在了算术上。在课程的前两年，孩子们学完了那本优秀算术教材的 88 页，并完成了这些页面上的所有习题。书中还有一些用于练习的表格和各种例题的集合，教师可以随意使用，但孩子们只做了其中少数几个附加的例题（这些我在下面的估算中没有计入）。一名高中毕业生用了 15 小时完成了孩子们两年里完成的 88 页上的所有题目，孩子们每年花五分之一的时间学习算术，而且他们在小学时已经学过算术。我的高中毕业生完整地写出了所有内容，完成了所有工作，并在 15 小时内得出了每个题目的答案。再次强调，这绝不是测试孩子们做了多少工作，也不是测试老师们做了多少工作。它只是让我们瞥见了那些已经在小学学习了三年、在文法学校学习了两年，并且在文法学校中花了五分之一的时间学习算术的孩子们的算术水平是多么的差。

至于学校的其他科目，我仅简单提及一下，六年中有 10% 的时间用于地理学习；另有 10% 的时间用于绘画、缝纫和音乐；剩余的一小部分时间则分配给了写作、历史、记账、爱国主义教育、道德、礼仪、生理学和卫生学、体育锻炼以及早晨的入门体操等课程。

接下来，谈谈在选择学习科目时所追求的目标。除了算术之外，在我抽样的文法学校中，教授的所有科目主要都是培养记忆力的。超过三分之二的时间都用于记忆力的培养。人们可能会怀疑数学学习真正培养了什么能力。我记得自己在学校时，主要是通过记忆来完成大量的数学作业，并没有真正理解这些作业。直到学习代数之前，我对于求最大公约数或最小公倍数的过程背后的原因一无所知，但我能够完成这些题目的计算，因为我能准确地遵循正确记住的规则或方法。我们绝不能认为文法学校算术学习除了训练记忆力外，就没有其他作用了，观察力的训练在这里完全被忽视了。这所学校的孩子们没有得到任何关于正确观察的训练。学校教授的另一门课程非常适合训练观察力，那就是地理，但它只是作为一门记忆性的课程来教授。学校里既没有照片也没有立体地图，没有任何可以用来教授地理作为科学观察的工具。如果教学得当，地理是学校中最有益的课程之一，但是，如果作为记忆性的课程来教授，地理则是最没有价值的课程之一。也许，马萨诸塞州的孩子知道该州的首府名称是很方便的。然而，我认为大多数孩子不需要学校的帮助就能发现这一事实。孩子们知道联邦所有州的首府名称是完全没有必要的，因为这些首府中的大多数都是不重要的地方。精心教授孩子们知道联邦各州的边界也是完全无用的。这样的学习没有任何心智训练，也没有任何益处。我敢说，除了专业的教师之外，今天在这个大厅里可能很少有人知道这些知识，我肯定自己也不知道。教育中有一种危险的理论，那就是在年轻时学习许多成年后会忘记的东西是值得的。这个理论之所以危险，是因为它包含了一定的真理。这个真理是，在年轻时学习一些东西，通过这些学习我们获得了一种持久的力量，尽管这些东西本身会被遗忘。另外，教孩子们各种琐碎的小事，他们长大后肯定会忘记，而这些事情又不能提供实质性的心智训练，纯粹是浪费时间。除了地理之外，以下科目：历史、生理学和卫生学、爱国主义教育、道德和礼仪，在我的样本学校中都被当作记忆性的课程来教授。

在同一所样本文法学校中，还有另一个机会可以进行一些观察性的学习。这与生理学、解剖学和卫生学的学习有关。我想象着那所学校里可能有一副骨骼、一个人体模型，或者大脑、胃、肺、眼睛、耳朵、手或手臂的模型，这样孩子们就可以看到这些美丽的器官了。但没有。学校里没有任何这样的东西，也从来没有过。关于这个自然历史科目的所有内容都是从一本小书中教授的，孩子们除了所描述事物的平面图形外，什么也没有，他们被要求用这些图形来描述人体的各个部位。这是一门被错误使用的科学，所有科学家都会对此感到遗憾。对孩子来说，仅仅记忆科学事实并不比记忆语法有用，即使是英语语法，而且作为一种心智训练的手段，它与记忆拉丁语语法根本无法相提并论。当然，对人体进行观察性的教学对孩子来说是一项迷人且有益的研究，正如地理观察教学使该科目成为世界上最迷人的科目之一，无论是对孩子还是成人。在能够找到正确教授科学科目的方法之前，我们最好不要教授它们。此外，我还遗憾地发现，在同一本小书中，有科学教学中最糟糕方法的例子。在每一章的末尾，都有一些关于酒精对胃、大脑和身体几乎每个部位影响的评论。这些评论显然是为了对孩子的心灵产生某种警告效果，告诫他们不要使用酒精。其中一些显然是错误的，另一些则是荒谬的，其中大多数尚未得到科学的证实，而且其中许多可能在未来几个世纪内都无法得到证实。在教学中，没有比这种未经证实、在大多数情况下也无法证实的命题的权威断言更能体现科学扭曲的例子了。教师和学生都非常清楚，这本书是在试图欺骗他们，这种方法是完全不道德的。

从另一个角度来看，我发现抽样的文法学校非常有趣。它不是那种不幸的学校，即 56 个学生分配给一个老师。虽然一个教师负责学生人数少于 56 人，但学生人数仍然过多，由于该校学生拥有不同的国籍、宗教和生活环境，每个年级的每一组学生在一个教室里聚集，就包含了各种各样不同能力的个体。然而，除了老师可能发现的避免这种灾难性统一的方法外，他们都必须得到完全相同的对待。有些孩子可以在 15 分钟内完成算术作业，而有些孩子则无法在 55 分钟内完成，在这两个极限之间，存在着各种各样的差异。我认为美国学校最糟糕的特点就是把这些能力大相径庭的孩子聚集在一起。我听说，与东方学校相比，西方学校并不是普遍没有解决这种弊端的办法，但我没有特别观察过西方的文法学校。在我所研究的文法学校里，对于这种最严重的情况，并没有官方或公开的补救措施。那么，这位聪明的老师提供了什么非官方的私人补救措施呢？简单地说，当一个聪明的学生能在 15 分钟内完成原计划耗时 50 分钟的任务时，老师会努力给那个孩子一些别的事情做，比如看书、解决其他问题或看图片，但她面前有太多的孩子，她不可能用这种方式来处理所有的孩子。我想，这大概是马萨诸塞州每所文法学校每间教室每天都会出现的常见问题。有什么补救办法吗？除了按熟练程度和能力分级外，似乎没有其他可能的补救办法。我知道这是大多数学校委员会不喜欢的补救办法。我们紧紧抓住一个错觉不放，即男女在智力上几乎是平等的。如果我们按照这样的理论来办学，那就是违背自然规律。相反，我们必须认识到，人与人之间唯一可能的平等就是法律面前人人平等。如果我们想要办好学校，就必须记住，孩子们在个性上是非常不同的，当聪明的孩子被迫与慢的孩子保持同步时，社会就会遭受巨大的损失。不仅孩子们自己会遭受损失，他们所属的社会也会不断地遭受重大损失。我们应该为这种情况寻求一种制度化的补救措施，而不是依靠个别教师的善意和聪明才智。通过熟练程度和能力分级，慢学生和快学生都会受益匪浅。没有什么比无望的竞争更让人沮丧，更使人堕落的了；也没有什么比日复一日、年复一年地觉得自己是个笨蛋，既没有晋升的希望，也没有智力上的进步更糟糕的了。因此，我们不应认为，在努力促进优等生利益时，会忽视差生的利益。我们应该同时做好这两件好事，这是我对文法学校未来寄予希望的主要原因。我相信，通过这种方法，即按熟练程度和能力分级，文法学校可以得到提升，其工作会得到极大改善，其对社会的贡献也会大大增加。这种方法并不是什么新事物，它以前在我们的公立学校的应用比现在更广泛，但现在对它的需求比以前大得多，因为我国的人口构成已经比四十年前更加多元化。

协会分配给我的主题，已经讲得够多了。总结一下所涉及的要点——我们需要更多的学年以获得更多的学习时间，为了稳妥地实现这一目标，我们必须有更好的通风条件、更多的体育活动和更有趣的教学；我们应该在大范围内仔细考虑实际完成的工作量——不是像我所做的那样在一所学校里，而是在许多学校里，由许多教师和许多主管来评估，看看目前的低标准能否得到提高。

如果能够让孩子们完成我们的文法学校教育体系，并让他们在十三四岁时为高中做好准备，那么最初引起我对学校课程关注的难题——即大学毕业生踏入社会太晚，就会开始得到解决，而且数以千计从未上过高中的孩子也会受益匪浅。我必须再次向你们致歉，因为我闯入了一个你们有更多观察机会和更熟悉细节的领域。我知道，在学院和大学事务的管理中，局外人的观察有时是有用的。他可能会看到那些全身心投入学院或大学工作的人所没有看到的东西。我怀着一丝微弱的希望，也许我已经成功地引起了你们对文法学校体系中可能需要改进的某些方面的关注。我知道如何有效地利用我提出的任何建议，这完全取决于你们。

普通学校与大学之间的鸿沟

1890 年 6 月

普通学校与大学之间的鸿沟^❶

　　去年七月，大学教育系的坎菲尔德教授发布了一份有关美国中等教育的详细研究报告。这一颇具价值的文献清晰地呈现了全国中等教育的欠发展状况，并指出我们教育系统的薄弱环节恰恰在此。在美国，没有任何一个州拥有能够被恰当地称为中等教育体系的机构。在众多州，城市和乡村的小学或普通学校教育体系在一定程度上得到了合理组织。然而，在小学与大学之间存在着一个巨大的缺口，仅有为数不多的公立高中、受捐赠的学院、大学预科部门以及私立学校来填补，它们不符合共同的标准，且不受统一的管理。广大的农村人口，即 3/4 的美国民众未能配备中等学校。一方面，该镇和市立高中各自独立，且不受任何上级教育机构的管辖；另一方面，它们完全受制于地方委员会或董事会，这些机构很少会关注支持每所学校特定地区的长远利益。许多州已就维持高中的问题通过了宽容性立法，但大多数情况下，这些立法成果甚微。美国只有一个州，即马萨诸塞州在这一问题上制定了强制性法律。但在该州所谓的 230 所高中里，有很大一部分从严格意义上讲并非中学。由于缺乏能够为学生升入大学做好准备的中学，美国六分之五的学院和大学都不得已设立了预科系，这违背了高等教育的利益。

---

❶　本文发表于 1890 年 6 月出版的《竞技场》杂志。

　　从坎菲尔德教授的报告中可以推断，就中等教育而言，马萨诸塞州（一个60%的人口可以公平地称为城市人口的小州）的状况比美国其他地方都要好，也许也确实如此。但是，马萨诸塞州的普通学校和她的大学之间的差距有多大，可以从有关哈佛大学学生来源的一些事实中推断出来。每年马萨诸塞州（共230所高中）仅有9所高中向哈佛大学输送学生。1889年，在352名被哈佛大学录取为文学学士学位候选人的学生中，有97人（或27.5%）是在公立免费学校接受教育的，但这样的学校只有30所，而整个新英格兰地区只有23所提供这样的教育。在马萨诸塞州，一个显而易见的事实是，在被称为高中的学校中，不到十分之一能够为学生提供一套完整的课程，使学生为进入哈佛大学或该州其他在招生手册中明确规定了入学要求的学院做好准备。

　　如果这可以被视为城市里的情况，那么在农村又会是怎样呢？想象一下，一位爱国者被迫在两个选择之间做出抉择——一是让他的同胞中智力较低的一半人完全成为文盲，二是让一半有能力接受最高层次教育的孩子无法接受这样的教育。他会选择哪一个？他会发现这个决定很难做出，因为无论选择哪一个都会给他的国家带来无法估量的损失。然而，在目前的中等教育状况下，保守估计，美国一半最有能力的孩子，都没有通向学院和大学的畅通之路。因此，发现和解决目前中等教育中存在的缺陷、不连贯和杂乱无章的问题，是美国教育工作者最值得关注的问题。然而，在寻求解决办法的同时，他们必须运用缓和手段。鉴于当下中学在数量上不足，质量上存在缺陷这一明显的事实，在这些不利的情形下，学院应当如何作为，才能在等待中等教育得到更优组织的过程中，尽可能为民众发挥最大的作用？难道他们明确的职责不是制定两份入学要求清单吗？一份针对文学学士学位，另一份针对理学学士学位或哲学学士学位，后者所要求的预备学习远远少于前者。美国的学院因招收准备程度明显低于文学学士学位候选人要求的学生而备受苛责，即便其中历史最悠久、实力最雄厚的学院也这样做了，而且他们这么做是出于真心想要为尽可能多的美国青年提供服务。一种较低层次的入学考试，对应一个特定的学位，乃是针对全国中等教育薄弱状况的权宜之计。如此一来，那些无法为学生攻读文学学士学位课程做好准备，却能为其攻读理学学士学位课程做好准备的中学，便与学院建立了有益的联系。

许多大学凭借那些微不足道且基础的考试就让学生进入其专业学院，这一情况也是如此。遗憾的是，就绝大多数律师和医生而言，社会无法确保他们具有任何一般性的修养或通识性的训练。但这一过错或缺陷出在中学阶段，大学通过允许接受专业培训来缓和这一公认的弊端，这种专业培训本身就是一种严格的教育，而那些早期教育有缺陷的人，除了极少数情况外，永远也无法弥补这一缺陷。

使大学与那大部分无法获得系统中等教育的美国民众保持联系的另一种权宜之计，是在无须进行全面考试的情况下，准许那些能够修习大学所授但其他地方未授的特定学科，且愿意接受大学对其勤勉程度和能力的所有测试，同时不期望获得任何学位的人员进入大学。早在1826年，哈佛大学便采取了这一举措，该举措一直施行至1848年，而后暂时被废止，于1873年再度启用。此安排易被滥用，若监管不力，很可能会损害中学的规章制度，但通过这一安排，许多原本无缘大学，却具有价值、有能力的年轻人得以进入高等教育机构，这对他们自身和社会均大有益处。

有观点认为，某些大学在提供不同课程、降低入学要求以及颁发不同学位方面，做得有些过头了。这样的学院似乎在传达这样的信息：如果一个候选人无法进入古典课程的学习，那他或许可以尝试文学课程；如果文学课程也不行，那就试试科学课程；如果科学课程也不行，那至少可以试试农业课程。这种不必要的多样性和条件似乎威胁到了所有学位的价值，而一所机构为多个课程设置的长期且灵活的入学要求，也必然会对优质中学的标准产生不利影响。

然而，在中等教育目前这种薄弱和混乱的状况下，思考大学可能采取的缓解措施，远不如研究现存弊病和缺陷的补救办法更有吸引力。

要改善美国的中学教育，需要做到两件事：一是需要更多的学校；二是需要将现有学校提升到共同且更高的标准，这样大学才能在学校课程中为其高等教育找到坚实、广泛且合理统一的基础。

（1）更多的学校。中学可以是走读学校或寄宿学校，城市学校主要是走读学校，而农村则是寄宿学校。公立中学现在几乎完全是城市学校，而且必须承认，这种情况可能会持续下去，因为到目前为止，还没有人提出过针对农村地区的高度组织化的令人信服的建议。人们承认，无论是农村乡镇还是相邻农村地区的联合体，通常都无法支持这样的学校。有人提出县可以作为可能的支持区域，但没有充分的证据表明，除了人口稠密的城镇外，农村县能够支持一所优秀的高中。为了增加目前能够真正让学生适应大学教育的中学数量，最有希望的行动方向是什么？第一，学校当局、新闻界和其他舆论领袖应尽力推动公立和私立城市走读中学的建立，并将现有学校的课程调整为符合某些能够授予学位的大学课程的入学要求。值得注意的是，在较老的城市，以及在一定程度上较新的城市中，最好的私立学校都紧邻最好的公立学校。产生一类学校的因素往往也会催生另一类学校。第二，应当通过适当的立法授权农村社区为位置便利的城市中学的建立（包括提供校舍）和年度支持做出贡献。第三，法律应授权设立特殊的中学学区，这些学区比支持小学和文法学校的地区大得多，并且是根据铁路交通情况构建的。对于男孩或女孩来说，乘火车走 15 英里上学可能比在各种天气下在乡间小路上步行 2 英里上学容易得多。农村人口有望从立法层面获得认可，在以铁路为支撑成立学区的政策中受益。马萨诸塞州的师范学校就体现了这一原则。因为实际上，它们是经过轻微调整的高中，部分是寄宿学校，部分是地方和铁路沿线的走读学校。第四，应尽力鼓励私人慈善机构资助农村中学寄宿学校或学院，这些学校由公司管理。寄宿学校应该始终位于乡村，而农村中学至少部分是寄宿学校。

（2）共同标准。提升和规范中学教育的现有方法可以从两个方面来考虑：第一，国家援助和监督，第二，大学入学要求。有两个相关机构都已经发挥了作用，但都可以得到极大的改进和扩展。

①国家援助和监督。在一些州，如马萨诸塞州和缅因州，高中立法的目标似乎是鼓励创建大量低水平的高中，而并不真正期望它们与大学建立联系。至少马萨诸塞州的强制性立法产生了这样的效果，缅因州为免费高中提供的援助也必然会产生这样的普遍结果。那个经济实力较弱的州如今提出，每年给予任何一所免费高中与其所在地区拨付用于教学相同的资金，但在任何情况下，州政府的拨款都不得超过 250 美元。对于受资助的学校，没有规定要进行检查或考核。这样的立法鼓励建立众多薄弱学校，却对原本强大的学校没有显著帮助。

明尼苏达州的立法更为明智，该州 12 年前成立了一个州高中董事会，并向任何经董事会合格检查后发现符合以下条件的高中每年提供 400 美元支持。受资助的学校必须免费接收男生和女生，以及非本地学生，只要这些学生能通过代数和几何以下所有小学科目的考试，并且必须保持"正规有序的学习课程，涵盖明尼苏达大学各院系所有不低于大一新生的入学先决条件的科目"。董事会可以任命任何有能力的人员访问高中，并可以支付他们费用，但每天不超过 3 美元。任何一个县最多只能资助五所学校，任何一所被董事会认可并继续遵守所有规定的学校，必须获得至少三年的资助。1878 年，该州拨款了 9000 美元供该董事会使用，第二年就增加到了 20000 美元，1883 年更是增加到了 23000 美元。董事会由州长、州公共教育总监和明尼苏达大学校长组成。通过仔细的检查，董事会对本州的高中进行了分类，其中九所一流高中为学生进入大学新生班做准备。这项高中立法似乎是美国迄今为止最明智的选择。它只鼓励那些已经组织得相当完备的学校；坚持受资助的学校应直接与大学接轨；避免昂贵的考试；提供合理的检查力度；根据学校的课程和总体效率对学校进行评级，而不是根据个别考试结果；不会让规模大的学校比规模小但管理同样出色的学校获得资金上的优势；要求受资助的学校免费接收非本地学生；几乎将国家的全部拨款用于教学的直接发展，这始终是对学校或学院最有利的资金使用方式。明尼苏达州是一个新兴且人口稀少的州，其高中董事会目前的运作规模还不大，但其高中立法的原则在任何州，无论其历史多么悠久、多么富裕或人口多么密集，都可以被有效地借鉴。

纽约州为国家提供了一个极好的机会，一种通过国家援助和监督来研究改善中等教育的方法。该州于 1784 年设计规划了一个庞大的框架，称为纽约州立大学，该大学将包括该州的所有学术机构和学院。必须承认，直到最近，纽约州乃至整个国家都没有认真对待这一教育机构。部分原因是它不是一个教学机构，另一个部分原因可能是董事会成员的地位似乎被视为一种荣誉象征，适合州政府官员、或多或少已退休的政治家、演说家、编辑、律师以及有钱有闲的人，而不适合专业教育工作者。实际上，有关这所大学的基本法明确规定，任何属于该大学机构的官员都不得同时担任董事。因此，该州几乎所有从事教育工作的专业人员都被排除在董事会之外。虽然如此，尽管有诸如"法律虚构"和"神话"这样的温和批评，但董事会多年来实际上已经行使了相当大的权力，并设立了各种机构，这些机构现在对整个州的中学教育产生了很大的影响。该机构于 1863 年设立的年度大学评议会大大增加了董事会的影响力和实用性，并生动地说明了在有利的条件下将中小学和大学人员聚集在一起进行讨论和协商能够带来巨大的好处。董事会最大也是最重要的职能是在该州学院和高中进行所有在学校教授科目的考试，并向通过考试的人颁发在纽约各学院均有效力的证书和文凭。考试成绩还作为该州学院和高中每年分配10万美元公共资金的基础。因此，这些方法将国家援助与国家监督相结合。但这种监督主要是通过在学校进行的统一且同时进行的书面考试来实现的，而不是通过亲自访问学校进行检查实施的。

毫无疑问，董事会的考试倾向于提高学院和高中的平均教学水平，扩展和改善学校课程，通过消除中学中无用的课程多样性和大学中无用的入学要求多样性，将中学与大学联系在一起，并激励维持这些学校的社区给予它们更好的支持，并以此为荣进行改进。这些都是伟大的贡献，值得美国其他各州和所有对建立美国中学教育体系感兴趣的人们的尊重与关注。董事们已经证明，一个州考试委员会可以对分散在一个大州内的数百所中学教育机构产生激励、提升和整合的影响，并且能够通过一种考虑到运作规模可称得上简单且成本不高的机制来行使这种权力。这一体系是如此有趣且富有启发性，以至于它的不足也应该被仔细研究。

对董事会最明显的批评是关于40门考试科目试卷的编制。董事会的考试试卷并非由公认的教学权威人士编制，也不是由各科目的专家编制。据了解，这些试卷都是由一两个人编写的。董事会提供考试试卷的方式与哈佛大学在准备入学考试试卷时采用的方法大相径庭。在哈佛大学，每份试卷首先由其所属科目的专家编写，然后由该科目所属部门的所有教师对其进行审批。例如，由所有拉丁语、希腊语或数学教师进行审批，最后必须得到由与入学考试相关的所有部门代表组成的委员会批准。尽管如此谨慎，偶尔还是会出现严重的判断失误。董事会的方法似乎过于统一且缺乏保障，因此很难获得理想的权威性。

下一个批评可能针对考试方式。只要考试是在学院进行，由校长或其代表主持，而没有董事会任何代理人的监督，那么它们就无法获得由董事会代理人主持独立考试所能获得的信任。如果进行独立考试的成本是一个严重的问题（这很难让人想象），那么可以提出这样的建议：每年进行一次组织完善的考试，会比目前这种方式下进行的现有的三次考试更符合学校和学院的利益。

事实上，出于许多令人信服的原因，减少考试次数似乎是可取的。考试的公正性至关重要。没有其他因素，如经济、速度或便利性，能与它相提并论。董事会的年度报告明确表明，批改试卷的工作应该完全由董事会的阅卷人员来完成。从1869年～1888年的十九年间，初级证书申请被拒绝的平均比例为15.5%，这表明在这些基础科目上，校长和阅卷人员在七个案例中就有一个以上的案例存在分歧。对于中级和语言科目以及选修科目组，校长和阅卷人员之间的裁定也存在类似的分歧。不同机构在这方面的差异如此之大，且总数又如此适中，因此平均数并不具有太大的指导意义。对于考试的公正性，董事会依赖于每位考生在试卷末尾所做的庄严宣誓，以及校长所做的非常全面的宣誓书。这些措施似乎不够充分，而且总体而言是不合理的。对于正直的人来说，它们令人反感且没有必要，对于品行不端的人来说是毫无效果的，而对于粗心大意的人来说则可能是一种陷阱。

另一个批评可能针对董事会阅卷人员的素质。有10个人，包括4名男性和6名女性，主要从事学术考试工作，他们的平均年薪为1000美元，只有两人年薪超过900美元。这些人无疑都是董事会的优秀雇员，除了这支无名的队伍之外，还应该聘请一位地位得到认可的学者或教师。如果可能的话，应该聘请大学教授来监督数学、古典文学、现代语言、英语、自然科学等主要科目试卷的评判工作，并对工作的准确性和公正性向公众负责。这些职位不应该是闲职，而应该是高薪且辛苦的工作。任职者不仅要给考试带来尊严和权威，而且还能保护该制度免受非教师主持考试所面临的主要危险，即考试无法跟上教学不断进步的步伐。并非没有迹象表明，董事会制度需要防范这种危险。例如，最新的教学大纲仍然规定拉丁语和希腊语考试必须包括凯撒、维吉尔、萨卢斯特、西塞罗、色诺芬和荷马等指定篇目的某些内容，而最近的考试试卷则仅从这些指定内容中选取段落。然而，资深的古典文学教师多年来一直认为，即席阅读是对学生掌握拉丁语和希腊语能力最满意的测试，而且只有让中学教师在教学中拥有即席阅读所允许的那种多样性和自由，他们才能保持教学的活力和新鲜感。如果一位教师每年都被迫和他的学生一起阅读《卡蒂利纳演说词》那些看似华丽实则空洞的修辞范文，他怎么能保持清晰的推理能力呢？

纽约州立大学学术考试中存在的一些缺陷是显而易见的，但更重要的是要提醒大家注意董事会已经并将继续为教育事业做出的贡献。如果他们能够发展出一套明智的中学监管体系，无论是仅仅通过考试，还是更好地通过考试与检查相结合的方式（他们完全有权利采用这种方法，并且实际上已经在有限范围内采用了），那么他们的范例将对其他州产生有效的影响。如果他们成功地在中学和大学之间建立了密切的联系，那么他们的成功将成为整个国家的灯塔。

②大学入学要求。大学入学要求只对那些为部分学生上大学做准备的中学有效，对于那大部分未如此行事的高中和专科学校而言，它们仅产生了间接的、尽管是显著的影响。就国家的广泛目标而言，即便大学联合起来，其影响力也不如国家的影响力来得直接和有力，不管后者是通过视察还是考试来施加影响。因此，高等教育机构只能在更狭窄的领域内对低等教育机构产生影响。目前，它们以三种方式发挥作用。

最无奈的方式是规定入学时需掌握某些书籍或某些明确界定的科目知

识，然后根据任何学校校长的证明，承认候选人已经学完了所有规定的书籍或科目。如果大学的这些规定是明智的，那么它们对颁发证书的学校的课程安排会产生一些有利的影响。但人们可以合理地反对这种方法，因为它不能为大学提供足够的保护，防止不合格的学生入学，而且公众也无法对不同学校形成公正的评价。来自好学校和差学校的证书往往都会被接受，因为一所正在挣扎中的大学在招生方面的焦虑会压倒其他一切考虑。特别是在一所小学校里，校长成功地将招生工作从教师手中夺过来，由自己负责，这种情况尤其容易发生。在这种制度下，一所真正的好学校没有办法证明自己很好，而一所差学校也不会很快被曝光。在短短几年内，这种最无奈的方法已经在绝大多数新英格兰大学中得到了应用，而且没有任何保障措施。在那里，既没有州级的检查或考试制度，也没有假装说认证学校会接受大学的检查，甚至偶尔的访问也没有。很难想象出比这更能破坏中学和大学之间建立紧密联系的方法了。即使在这种松散且无保障的方法下，只有两所最大的新英格兰大学和坚韧不拔的小鲍登学院完全抵制了这种方法，但预科学校和大学之间的合作行动还是带来了一些好处，至少在纸面上，它们使同一科目的入学要求达到了统一。除了耶鲁大学外，整个新英格兰地区普遍存在英语统一要求，最近也被一些中部州的教育机构所采用，这就是一个值得注意的案例。刚刚所述的方法是对一种在一定程度上更为安全的、用于在中学和大学之间建立紧密联系的方法的扭曲或退化。这种更为安全的方法是在二十年前最初由密歇根大学采用。该方法是这样的：该大学承认任何学校的毕业证书，无论这些学校远近，无论是否在州内。这些学校每三年由学院董事会或者由大学指定的其他人员进行一次考察和审核。若学校在三年内发生任何重大变化，则检查可能会重复进行。这些毕业证书必须明确说明候选人在学校通过了所有规定的考试，而这些考试是大学学位课程之一。1889 年，有 70 所学校与密歇根大学建立了这种"毕业证书关系"。毫无疑问，这种方法非常适合迅速为一所占主导地位的州立大学招募学生，但其作为普遍采用的方法的价值显然取决于其提供的检查的彻底性、公正性和公开性。密歇根大学提供的检查在这三个方面似乎都失败了。考虑到美国学校教师更换的速度之快，每三年检查一次似乎过于频繁。一个忙碌的大学教师团队居然有时间对相当数量的中学进行妥善检查，或者能够派出足够数量的、精通所有中学科目的检查员，这简直不可思议。哈佛大学文理学院的规模大于密歇根大学相应的教师团队。然而，哈佛大学文理学院的教师可能会宣称，除非他们牺牲自己正当的大学教学工作，否则他们无法每年对 20 所中学进行足够彻底的检查，并对几所学校的优点做出公开评判。此外，哈佛大学教职员中没有一个人在没有大量专门准备的情况下，会觉得自己有能力对一所组织良好的中学的所有部门进行检查。要对这样一所学校进行彻底检查，至少需要由三名哈佛大学教职员工组成的委员会，如果检查的是邻近学校，这些教师需要暂停三至四天的大学工作，对于较远的学校，则需要更长时间。至于在众多偏远地区聘请称职的（非教职员工的）视察员，考虑到检查任何一所学校的所有工作需要多少知识、经验和良好的判断力，这似乎完全不可能。一旦我们深入这些细节，我们不可避免地得出结论，仅靠密歇根大学单方面对中学的检查必然相当粗略。同样明显的是，这种方法在其运用过程中不够透明，无法证明其公平性和效率，因此无法赢得普遍的信任。单一的执行机构显然有其自身的利益。就本次讨论而言，没有必要坚持认为密歇根大学实行的"文凭制度"效果不佳，甚至不必认为它不如密歇根大学实行的入学考试制度效果好。在 70 所中学和任何一所大学之间建立友好关系是有益的。但有必要强调的是，它缺乏足够的保障，因此不适合普遍采用。明尼苏达州的方法是在州立高中委员会中设立了一个独立的检查机构，这更值得推崇。

大学作用于优质中学的最有效模式依然存在，即对所有可接受的入学相关科目进行严格的考试，这些考试具有一定程度的公开性，因为大多数大学都会公开其试卷。哈佛大学还会详细公布其入学考试的结果。此类考试不再像以往那样仅在举办考试的大学所在地举行，而是可以根据考生的便利需求在多地同时进行。如今，数所东部大学在分布于全国的众多地点举行考试。耶鲁大学明确宣称，"在任何城市或任何学校，只要考生数量以及与其他考试地点的距离条件允许的话，都会举行入学考试。"任何具有声望和众多工作人员的机构都能轻易地在全国范围内应用这种方法。从长远来看，它能对学校进行公平的评价，并且对中学高年级学生极具激励作用。如同所有由独立于学校的权威机构所举办的考试一样，它还能保护公立和私立学校的校长，使其免受家长、受托人和董事会成员无理的纠缠。不过，它也面临一些激烈的反对意见。第一，它不够公开，试卷可能看起来不错，但是通过的标准可能低得不合理，公众也无法估计阅卷评分的严格程度。第二，直到最近，各学院都是各自为政，互不协商。因此，人们自然会认为每个学院或大学都在谋求自身利益，而非共同福祉。第三，在规模较小的学院里，少数可能有怪癖或反复无常的人可能会多年掌控所有入学考试，这对学院不利，也让学校感到烦恼。通过几所学院之间的合作体系，所有这些弊端都将得以消除或减轻。

在这次快速调查结束时，一个问题自然而然地浮现出来，即希望看到美国中学得到改善并与大学更紧密联系的爱国人士可以在哪些方向寻求进步。当然有这样的三个方向。

一是我们可以期待州级考试和检查制度的改进和扩展，因为它们已经证明了其效用。考虑到英国考试制度的极端情况，我们有理由希望州级委员会将越来越多地检查机构，同时也考查个人。因此，学校检查员这一职业将被视为一个独立且光荣的职业。

二是我们希望看到四五所大学联合起来，这些大学都设有大型的文理科系，在全国精心挑选的地点，同时进行所有可能被大学或专业学院接受的科目的考试，试卷由联合大学每年挑选的人员进行评分并向公众公布所有结果，但不包括考生姓名，证书在全国任何地方都有效，证书上提到的科目也是如此。我们有理由相信，这样一种合作体系既广泛又简单。它不会带来严重的难题，无论是机械方面还是其他方面；对考生来说既方便又经济，而且依靠适度的费用就能维持；并且，它还具有权威性、灵活性、激励性、统一性和公正性。

三是我们预计奖学金制度将得到极大扩展，从而使有前途的青年能够顺利完成中学和大学的学业。各州、各城市、各镇以及私人慈善捐赠提供的资金，都将为这一经过充分验证的制度的发展做出贡献。

高等教育的目标

1891 年

高等教育的目标[1]

　　今晚我有幸向诸位介绍的主题是一个崇高的主题：高等教育的目标——不是其实际成就，甚至也不是其在不远的将来有望达成的成就，而是其目标，是它所关注的长远目标，是它所追求的理想。首先，让我们简要地考虑一下高等教育的含义。在长达二十年的教育过程中，受过最全面训练的美国年轻人从 6 岁到二十六七岁之间接受的教育——高等教育是指他们在十八九岁之后所接受的教育。这是他们在中学学校生活结束后，在相对自由的大学或学院里所接受的教育，通常也是在他们与父母共同生活的家庭生活结束后所接受的教育。它通常包括三四年的文科或理科教育，之后是专业培训——这是一个宽泛的术语，包括神学、法律、医学、工程、应用化学、建筑、教学等专业的特殊培训，以及需要特殊学习和特殊技能的其他各种职业的培训。因此，高等教育涵盖了六到七年的时间。它在大学进行——在那里，年轻人或多或少地与工作世界隔绝，能够专心致志地进行系统学习和实践。许多人将受过教育的人和实干家区分开来，但真正的教育归根结底不过是在指导下的系统学习和实践。在这种相对隔绝的环境中，在积极参与工作之前，年轻人会对世界上已经完成和思考过的事情有所了解。他让自己在某个学科上达到与过去积累的智慧并驾齐驱的

---

❶　本文于 1891 年在芝加哥宣读。

水平；他发展并增强了自己的能力，并掌握了这些能力；他获得了知识，但更重要的是，他获得了力量。有些受过大学教育的人只发展了获取知识的能力。他们吸收知识，但不能将其输出或应用。阐述和应用能力比获取知识的能力更重要，应该同样仔细地加以培养。学生如果不能将几何原理应用于新问题，那么他虽然通过学习这门学科获得了知识，但并没有获得有用的能力。大学往往忽略了这一点。他们现在正在改进许多方法，以便更好地培养学生的有效能力。

精英教育所产生的主要成果是能力的增强。大学主要有三个直接功能。首先，它们负责教学；其次，以书籍和收藏品的形式积累大量已获取且系统化的知识；最后，开展研究，或者换句话说，努力稍稍超越当前的知识界限，年复一年、日复一日地探寻某些新的真理。大学是真理的传授者、知识的宝库以及探索者。让我们就每个基本职能对大学进行片刻的考量。

1. 大学负责教学。它教什么？显然，它必须教授所有保存下来的伟大文学作品所用的语言——希伯来语、阿拉伯语、梵语、希腊语、拉丁语、法语、意大利语、德语、斯堪的纳维亚语和英语；它必须教授所有历史——巴比伦历史、埃及历史、希伯来历史、希腊历史和罗马历史，以及所有现代历史；它必须教授人类最宝贵的制度是如何形成并发展到目前状态的——包括民政制度、家庭制度、教会制度和学校制度；它必须教授人类洞察到所发现的一切关于人体和心灵的结构及工作原理的知识；它必须教授人类所学到的关于自然界广阔领域的所有知识——天空和大地，植物和动物，空中的、水中的和陆地上的；它必须阐述人类已经洞察到的所有重大化学、物理和生物力量的规律，以及人类在这些规律支配下的生活；它必须向学生展示世界文学，这是人类想象力在最远的地方结出的珍贵果实；它必须阐释人类的伟大理想——美德、责任、虔诚和正义。所有这些都包含在所谓的文科和理科中。除了这个庞大的教学体系之外，还有专业课程。在过去的二十五年里，专业教育的扩展是所有文明国家教育进步的主要特征之一。在每一个专业中，一位专业大师必须理解的新科目数量都是巨大的，因此，为年轻人准备从事任何一个专业所需的时间不断增加。现在，四年是为从事任何学术或科研工作做准备的一个适中时间。在大学里，可以为所有学术或科研工作做好准备。

2. 大学专业学院之间的学科划分既深刻又广泛。医学专业的学生几乎不会接触到神学或法律专业学生几乎必须全身心投入的学科之一；神学专业的学生不会关注一个庞大的学科群，这些学科完全占据了电气工程专业学生四年的时间。然而，在真正的大学里，为这些不同的专业做准备的教学和研究精神是相同的，即现代科学的精神——坦诚、无畏、追求真理、不顾后果地寻找事实。

大学校长是所有学院的成员。他听取所有学院关于教学科目和方法的讨论，并学会识别各个领域教师的思维方式。在真正的大学里，他总会看到，尽管学科各不相同，但精神是一致的。今天，语言学家的研究方法与自然科学家的研究方法，或者心理学家的研究方法与生理学家的研究方法都没有区别。学习历史与自然史、物理与哲学、文学与美术的学生发现，尽管他们的研究领域不同，但他们的方法和精神是相同的。这种方法的统一性是真正大学的特征，也在一定程度上证明了其名称的合理性。这种观察在一个涵盖所有知识、包含从事各种研究的学生的大型机构中能够得到最好的体现，这一基本课程也能在这里学到。

在通常所说的专业学校旁边，真正的大学还设有一所高级文理学院，在美国通常被称为研究生院、系或课程。这是为教师、文学家、记者、自然科学家、物理学家、化学家和数学家设立的专业学院。请注意，每所大学都必须努力实现教学的非凡多样性和广泛性。康奈尔对他希望创办的这所大学的描述是恰当的:"我将创办一所任何人都可以学习任何学科的机构。"这正是大学教学的真正目标。它应该涵盖人类知识的整个领域,并能够让学生在各个方向上抵达已获取知识的前沿。其教学方法必然是多种多样的,它们包括背诵、教授授课和学生授课、实验室中的个别指导、多种形式的书面练习、现场观察、医学和外科的临床学习、速记和绘图,以及论文撰写。高年级学生之间亲密的对话式和批判性方法包含在"讨论会"和"研讨班"这样的术语中。在每一个伟大的专业中,学生都有机会在知识最必要的领域之外进行广泛的探索。因此,在神学研究中,历史课程可能不仅包括基督教会的历史,还包括所有已知宗教的比较研究;在医学领域,有兽医学这一广阔领域,它现在对人类医学的进步如此重要;在法律领域,有对法律制度和法律史的广泛研究,其中大多数可以追溯到几个世纪以前。此外,在每所积极进取的大学中,科学分类都在不断发展,事实的新排序以及研究结果也在以新的方式呈现。每一代人都在改写前一代人的陈述和理论,并以新的形式呈现旧的事实。这一简要概述或许能为您勾勒出作为教师对大学的理想形象。

接下来,让我们将大学视为储藏室。每所大学的核心都必须有一个大型图书馆。对于小学生来说,一小部分书籍就足够了,但高年级学生需要大量的书籍,而致力于满足所有院系学生需求的大学,绝对需要庞大的藏书量,并且必须有能力每年购买文明世界出版的所有真正的好书。这意味着巨大的成本,不仅包括购买书籍和期刊的成本,还包括编目、上架的成本,以及快速安全地将书籍送达给读者的成本。哈佛大学仅在图书收藏上每年就花费4.5万~5万美元,而且完全可以花得更多。一个世纪前,书籍几乎是大学期望积累的唯一重要财富,但现在,除了图书馆之外,大学还必须拥有自然历史各个领域的丰富藏品——包括填充动物、植物标本、化石、岩石和矿物的藏品,树、灌木和花卉的藏品,以及化学、物理和生物学方面的设备。此外，仅仅制作大量藏品来展示动植物和矿物王国的实际状况是不够的，大学还必须通过地质、历史和考古藏品来展示过去的情况。一所伟大的大学还必须展示美术史，如果不是通过原作，至少也要通过复制品；这样的博物馆应该展示的不是单一国家的艺术，而是所有国家的艺术，不是单一时代的艺术，而是所有留给我们手工艺品的时代的艺术。大学的伟大藏品是必要的教学手段，它们不仅影响着大学里的学生，还影响着大学所在地的公众。在大型藏品中阐释自然的方式不断得到改进。因此，近年来，艺术玻璃吹制使植物学和动物学博物馆能够用大型模型展示人类眼睛只有在强大显微镜的帮助下才能看到的东西，而最脆弱和短暂的东西，如精致的花朵，则以持久的形式完美再现。同样，动物界最微小、最精致的形式也被复制到玻璃中，并以肉眼可见的形式呈现给观察者，就像他们在高倍显微镜下看到的那样。一所一流大学的博物馆里摆满了最为精美绝伦的物件——形态之美和色彩之美，就像在鸟类、蝴蝶、花卉和矿物质中所呈现的那样。它们讲授分类、演替、变异、生长和进化，它们也展现了造物主那无尽的美丽与可爱。

一所大学被视为知识宝库所发挥的功能，其成本难以估量，但又不可或缺。随着人类对自然的认识不断扩大，大学的这一功能也将不断增强。人们或许会怀疑，美国为高等教育提供资金的方式能否满足大学作为知识宝库所需要的巨额开支。但倘若捐赠的方式行不通，我们就不得不依靠欧洲那种政府补贴的方案。大学作为知识宝库对于一个国家的知识进步至关重要。

3. 大学追求新的真理。大学是一个学者社会，每个人都是各自领域的专家；每个人都熟悉其特定学科在过往所有时间所取得的成就；每个人都准备将当前的知识边界向前推进一点；每个人都期待并希望能在前沿领域解决一些复杂或棘手的问题，或者即使只是用手掌的宽度，也能用自己的小型探照灯穿透围绕在已确定真理区域周围的神秘黑暗。因此，大学是研究之地，是为新的或被遗忘的真理而勤奋探索之地。这一功能与前两个功能同样重要。它之所以不可或缺，有两个原因：第一，因为不进行研究的大学将不再是一个良好的教学场所；第二，因为这种持续不断、安静且专心致志地追求新真理是国家乃至全人类物质和精神进步的条件。我们很容易理解亚里士多德、希波克拉底、康德、笛卡儿、亚当·斯密、哥白尼、牛顿、法拉第和达尔文的研究是智力进步的手段，但我们并非清晰地洞察到物质进步也依赖于一连串漫长的、由一代又一代默默无闻的学子们在僻静的学术机构进行的、未获回报的研究。

近十年来，电学的非凡发展震惊了世界。但这些众多的电学发明之所以成为可能，仅仅是因为之前那些默默无闻之人，他们为已有的电学科学知识贡献了这个或那个小事实、小原理。柏林的科赫教授做出了一项所谓的发现，引起了整个文明世界的极大兴趣。但他运用了众多不知名人士在细菌学方面的发现成果，这些人是他的研究必不可少的先行者。整个细菌学所有最新颖和最显著的进步都得益于浸没式透镜的发明，这为显微镜赋予了用于生物研究的新力量。由此，一门科学中的一项发现使某个长期准备且等待时机的学者在另一门科学中迈出重大一步，而最初的发现者根本没有想到他的工作可能会在最短的时间内得到应用。许多商业冒险、新的商业形式以及新的运输方式实际上都源自遥远、鲜为人知且看似无用的发现，其发现者从未设想过这些发现的应用，而且很可能对此完全漠然置之。

在人类知识的各个领域通过科学研究探寻真理的这一职能当中，大学培育出了一种极为独特且有趣的人——科学家。研究者的动机、期望和目标，无论在哪个知识领域均与常人不同。他必须维持生计，除能保障基本的生活和工作机会外，他几乎全然漠视金钱。他对声名全然不在乎，甚至还加以回避和厌恶，并且他对声誉的认知也与他人不同。他诚然期望自己的名字能为人所知，但不是为数百万人所知，而是为五六个研究拉丁语语格、希腊语词素"AV"、化石甲虫、陨石或海星的学生所知。他极不乐意在报纸上看到自己的名字，但他期盼一百年后，他所在专业的某位学生会在某部古老的学术协会会刊中怀着感恩之心读到他的名字。他工作勤勉刻苦，然而大众会觉得他在虚度光阴。他热切渴望他所谓的研究成果，但这些成果于大众而言似乎毫无兴趣可言。他敏锐、专注且满怀热忱，但他的目标和目的如此远离日常话题，以至于他很少具备所谓的"常识"。市场和论坛对他来说都是荒漠，对于人们普遍追求的目标，他会不耐烦地说自己没有时间，就像路易斯·阿加西斯在被问及为什么不做生意赚钱时所说的那样。大学应该为这些专家提供生计，为他们的工作提供所有必要的设施，如图书馆、收藏品、实验室和助手，以及教学的机会。

既然大学有这三个主要的、直接的目标或宗旨，那么让我们来思考一下它旨在实现的一些不那么直接但依然重要的目的。

1. 一所优秀的大学会产生一种统一的社会影响力。在大多数国家，尤其是在我们国家，它为富人和穷人、受过教育者和未受过教育者的子女所向往，简言之，为各种家庭出身的子女所向往。哈佛大学每年的学生名册中会出现少数富家子弟的名字，同时也有更多来自贫困家庭子弟的名字，而大多数学生属于中产阶级。在大多数美国院校，无论是历史悠久的还是新兴的，大多数学生的家长本身未接受过高等教育。在美国的任何一所院校，该校毕业生之子女所占的比例都不高。在哈佛大学的学院（哈佛大学授予文学学士学位的那个院系），毕业生的孩子所占的比例很少超过总数的八分之一，甚至更少。在所有美国大学中，无论是在新英格兰还是在西部地区，大学生活的整个组织都极其民主，并且所有学生在所有智力和体育活动方面都完全融合在一起。我不了解美国社会的任何阶层，无论是上层还是下层，富有还是贫穷，在美国的大学里，基于社会不平等的区分和隔阂比其他任何地方都要少。在纽约最贫困的出租屋里，邻里之间的隔阂往往很深，其程度之深、持续之久，就如同社会中更有教养或更富裕阶层的分裂一样。认为社会排他性只是时尚的或富裕阶层的特征是一个大错误，它在美国生活的方方面面都表现出来。事实上，在所有的人类社会中，无论是野蛮的还是文明的，都是如此。而在美国的大学和学院中，这些排他性比来自彼此陌生家庭的任何其他大型美国团体都要少得多。

2. 在真正的大学里，不同宗教派别之间的差异会被淡化，并且培养了这些不同基督教组织之间的相互尊重。伟大的大学不能作为严格的宗派组织来运作。在一个没有国教的国家，且没有任何一个宗派人口占比超过少数人口的国家，不可能在一个教派的基础上建立一所大学。即使在那些维持国教的欧洲国家中，大学也已经取消了将特权仅限于该教会成员的政策。牛津大学和剑桥大学现在都向持不同政见者开放。德国的大学在天主教和路德宗之间不作区分。法国的大学也向天主教徒、新教徒和犹太人开放。除了美国的公立大学外，几乎所有的美国大学都有宗派背景，但顶尖大学已经明确放弃了宗派政策。哈佛大学成立之初是为了培养马萨诸塞湾殖民地国教会的牧师，在将近两百年的时间里，它一直完全由该教会的成员控制，但在过去一代人中，它已经完全摆脱了这些限制。它的学生现在属于每一种宗教团体，从罗马天主教徒到犹太教徒和日本佛教徒。没有任何一个教派在其学生中占据多数，它们都只是少数。而且它的官员只根据他们的能力来选拔，丝毫不考虑他们的宗教信仰。耶鲁大学和哈佛大学一样，最初也是由单一宗派（公理宗）创办的，但现在它自己的官员已将其归为华盛顿教育局的非宗派大学。公立大学，如密歇根大学，以及新建立的大学，如约翰斯·霍普金斯大学、康奈尔大学和克拉克大学，都公开宣布不受宗派控制。在这样的机构中，大批美国青年学会尊重彼此的宗教传统，并明白品行与教义关系甚微，或者至少不取决于神学观点。将不同宗教团体的年轻人聚集在一起，是一流大学最有益的职能之一，在我们这样的大型新教民主国家中尤其有益。

关于宗教团结与合作的课程得到了系统讲授，这门课程令人印象格外深刻。大学全年都会举行每日晨祷和周日晚间礼拜，并在冬季月份举行周四下午的礼拜。为了进行这些礼拜活动，大学聘请了六名属于不同宗派的传教士，他们都是具有代表性的人物，主要来自学院附近地区，但部分来自离剑桥稍远的地方。这些各自神学观点截然不同的绅士们联合起来主持我们的教堂礼拜仪式，四年来，这种联合努力取得了极大的成功，也极具教育意义。在关键问题上达成联合，不可避免地忽略非关键的分歧，给成千上万目睹这一真正宗教活动的人上了一堂极其宝贵的课。因为我们已经看到在这个国家大量的教派机构已经稳固建立，而且其数量可能还会增加，所以顶尖大学能够教授的这些有关宗教宽容的课程就越发珍贵。在过去二十年里，众多罗马天主教大学和神学院（以及最近建立的一所强大的天主教大学）已经成功建立，几乎所有的新教派别都至少拥有一所学院或大学。我认为，将本国的青年分隔在不同的宗派机构中，对国家不利，对因此分离青年的宗派也不利。如果一位受过教育的罗马天主教徒在受教育过程中对同时代的新教徒以及新教的思维和情感模式一无所知，那么他在美国社会中的影响力就会减弱，而不是增强。同样地，主教派成员在日后的影响力也会因他们习惯就读于完全由自己宗教团体控制的中小学校和大学而减弱，而不是增强。但对所有这些教派的青年进行教育，即便这种教育可能不如原本应有的那么全面和广泛，国家也从中获益良多。一位受过教育的罗马天主教徒、一位受过教育的圣公会教徒或者一位受过教育的浸信会教徒，对所有美国人来说，都要比未受过教育的罗马天主教徒、圣公会教徒或浸信会教徒要好得多。然而，理想的情况是，本国所有主要的学院和大学都应在没有教派偏见的情况下运作，并且应该成为美国民众中代表的每一种宗教信仰的年轻人都愿意就读的地方。

3. 一所大学会因其对政治分歧产生的影响而具有统一的作用。一所从全国各地，包括北方、南方、东方和西方招收学生的大学，必定包含着国内各个政党的众多代表。其学生中存在着民主党人和共和党人、自由贸易者和贸易保护主义者、贪腐者和改革派、禁酒主义者和主张高额许可证者。在政治或社会问题上，任何一种观点在来自全国各地的众多年轻人中都有大量代表。在任何一群聪慧的美国年轻人当中，对于所有这些主题的讨论必然是持续不断的。各种社团和联盟会组织起来以维持此类讨论。会有辩论出现，学生组织会邀请公众人物以及大学教师向他们发表讲话。总之，在所有公众关注的问题上，都存在持续的动荡和激奋情绪。这种观点的碰撞是有益且健康的，它推动了对重大主题的思考，将激情转化为决心，培育了宽容和相互尊重，并教导年轻人赞赏坦诚、道德勇气和独立思考，无论这些高尚品质出现在哪一方。但对于一所地方性的学院或大学而言，一个严重的缺陷在于，在政治和社会话题上的这些不同观点不太可能像在一所全国性的大学中那样得到充分体现。哈佛大学在这方面近年来颇为幸运，其生源来自全国各地，尽管仍有明显多数来自新英格兰。这是培养政治宽容的绝佳领域，也是培养年轻人政治诚实的绝佳领域。至少，它的绝大多数毕业生和本科生都是共和党人。他们一直如此，直到最近才有所变化，但很有可能他们现在仍然是共和党人。近年来，哈佛大学有幸在马萨诸塞州的许多竞选中为两党都提供了候选人。正如我15个月前在一次演讲中指出的那样，当时的两位州长候选人、两位州代表大会主席以及两个政治纲领的撰写者都是哈佛毕业生。今年，两位州长候选人和两党国会候选人中的几位又是哈佛毕业生，而在剑桥市严格意义上的地方市长竞选中，两位候选人均为哈佛毕业生。这种公正无私的精神是任何一所大学都非常需要的。在剑桥，我们希望继续为美国两大政党训练尽可能多的候选人。

4. 一所全国性的大学通过年轻人之间相互了解，并在一生中保持这种联系，发挥着统一的作用。每年，数百名年轻人从美国各大大学毕业，并散布在全国各地。在他们各自居住的地方，他们通常会晋升到值得信赖和有影响力的职位。尽管被距离分隔，他们终生团结一致，通过共同的社团以及友谊和相互尊重的纽带联系在一起。倘若我们的年轻人能够明智地采纳德国的做法，即在攻读哲学博士或理学博士学位的过程中从一所大学迁移至另一所大学，那么这种凝聚力在美国或许会大幅增强。德国大学的这一做法极大地推动了德国的团结；而在美国，学院和大学的这种影响力极大地巩固了合众国的团结，且在未来还会进一步巩固。

5. 美国的大学对于其所处的社区而言是公共精神的学府。它们通过两种方式促使个人为公众进行思考和付出劳动：其一，要求其受托人或管理人员提供大量的无偿服务；其二，鼓励个人为公共事业进行捐赠。被称为"公共精神"的日耳曼美德是民主的救赎。每一所美国大学都要求其受托人或管理人员提供大量无偿服务。而且在很多情形下，这种服务质量颇高，服务者需要良好的判断力，以及对人性和事务的了解。事实上，高等教育机构的受托人服务难度极大，以至于每个社区都必须历经数代人的培养，才能够提供数量充足且有能力胜任这些职能的人员。历史悠久的学府有一个很大的优势在于，它们所在的社区已经培养出经验丰富的、明智的受托人。哈佛大学现行的章程于 1650 年颁布，此后从未更改。根据该章程，七人负责管理大学的全部财产，首先选定其管理人员和教师，并制定相关法规。现在这七人每两周定期聚会一次，在中午时分聚会两到三个小时，此外还投入了大量时间为大学服务。这个机构被称为法人团体，在很长一段时间内，它是马萨诸塞州殖民地和州内唯一的法人团体，而且在马萨诸塞州东部，担任这一职务被视为一种极高的荣誉。在这七个人中，只有校长和财务主管领取报酬。该机构的传承经验对大学来说具有无法估量的价值。许多美国大学名义上由董事会管理，但这些董事会每年只开一两次会。在这种情况下，真正的管理权在别处。但无论真正的权力机构是什么，它必然总是由睿智、有经验和有公益精神的人组成。通过在学院、大学、医院、收容所、艺术博物馆和图书馆的管理委员会中的实践，公益精神在美国社会中得以传播，这是我们民主最显著的特征之一，也是其主要保障之一。履行这样的职责会使一个人超越自我和日常工作，使他为更广泛、更高的利益而思考和工作。在这些地方，一个聪明而慷慨的人有机会连续多年为公众服务，而在美国的公共选举职位上，这通常是不可能的。因此，他在慈善或教育信托机构任职期间，确实能为公众做出相当大的贡献。今天，成千上万分布在美国各地的人正在接受这种公共精神和公共服务的教育，这对社区和他们自身都大有裨益。在美国法律和习俗下管理的这一系列机构中，大学是地位最高、最有趣、最有用的机构。

大学通过给予那些有意帮助同胞的人们以最佳的机会来培育公共精神。无论何人，若想在这世上行永恒之善举，若望获取那最为精妙的殊荣，就必须对年轻人、健康者和前途无量者施加影响。因此，大学捐赠基金是一代又一代造福全人类的最为快捷、最具希望且最为持久的手段，借助每一代选拔出来接受最高等培训的最具前途的年轻人得以实现。大学捐赠基金成效迅速。它接纳一名18岁的青年，在六七年的时间里将其塑造为社会、教育或商业领域的一股力量。它最有希望发挥作用，因为它作用于精选的素材——这些素材或是凭借自身能力，或是凭借其父母的活力和成就而被选中，并且其影响持久深远。首先，因为优秀、健康且训练有素的大脑是最令人惊叹的富有成效的产物。小麦或玉米的种子与之相比根本不值一提；它们不但在为人服务的过程中终其一生发挥效用，还能激发无数的思想和行动的潮流，并且或多或少会将自身的品质传递给后代。其次，因为大学是除高度组织化的教会之外存续最为长久的人造机构。欧洲的古老大学在其他所有法律、政府或商业机构（无论其被摧毁还是重建）的变迁中均得以留存，希腊和罗马教会除外。它们历经了王朝、议会和宪法的兴衰；见证了整个社会从基础到上层建筑的重建，以及商业和战争方式的深刻变革。即便在我们自己的新兴国家，我们也能看到在周围的变化中存在着同样的持久性。如此一来，哈佛大学见证了马萨诸塞湾殖民地转变为行省，行省又变成州，见证了这个州在人口、产业和宗教方面经历了根本性的变革。它比马萨诸塞州现存的任何公司、法院或政府组织都更为古老。

还有另一种方式，管理良好的大学能鼓励私人出于公共目的而慷慨解囊：它能合理地保证这种捐赠将持续发挥作用，并将保存下来，代代相传。哈佛大学用于永久目的的每一笔小额捐款都从未丢失过。因此，1727年，伦敦的托马斯·科顿牧师捐赠了33英镑6先令8便士用于支付校长薪水，至今校长每年仍从该基金中获得7美元至8美元的捐款。1681年，塞缪尔·沃德向学院捐赠了波士顿港内的一个岛屿，名为邦金岛，至今该捐赠每年仍产生50美元的租金。随着时间的推移，它可能会产生更多的租金。两位牧师，纳撒尼尔·阿普尔顿和亨利·吉布斯，都在18世纪上半叶成为学院董事会成员，他们为贫困学生留下了小额遗产。这两位牧师的一位直系后代，即第五代或第六代后代，一位农民的儿子，因为这两位远祖的捐赠，今天得以在法学院免费接受教育。七十五年前，阿贝尔·史密斯向学院捐赠了2万美元，用于设立法语、西班牙语和文学教授职位。该教授职位先后由乔治·蒂克纳、亨利·沃兹沃思·朗费罗和詹姆斯·罗素·洛威尔担任。谁能估量这一笔小小的慷慨捐赠为美国文学所做出的贡献有多大呢？明智地向一所强大的大学捐赠的人，种下了最丰硕的种子，它将在几个世纪里开花结果。

6. 大学象征着智力与精神的主导地位，代表着思想和灵魂的力量，对抗现代世界所带来的物质财富、利益及活动的沉重负担。这种影响力在美国这样一个新兴且尚显粗糙的社会中最为宝贵，因为美国仍在致力于将荒野改造成可供人类利用的土地。在我们国家的大部分地区，田地里仍伫立着树桩，公路尚未修筑，矿井尚未开采，沙漠尚未得到灌溉。在这样的状况下，物质生产是人们的首要兴趣，财富而非健康似乎成了社会的主要目标。大学让哲学、诗歌和科学保持生机，并维护着理想的标准。它提倡俭朴生活以对抗奢侈之风，而在这样一个奢侈习惯不断增长和蔓延的社会中，这种倡导尤为重要。一所卓越的大学拥有成百上千的人员（教师、图书管理员和馆长）他们依靠不高的薪资生活，深知自己永远不会富有，也无法给子女留下可观的遗产。他们甚至无意于财富的积累，往往对金钱太过漠然和粗心。他们在其他更高层次而非普遍追求财富的方面寻求幸福，他们能力超群、勤奋努力且正直善良，因此在其生活的社区中备受尊重，尽管他们的生活方式简单且与世隔绝。奢华阶层难以理解这些学者的乐趣，同样，学者们也难以想象奢华懒散带来的满足感。社会的普遍娱乐对学者没有吸引力。不将晚上时间用于学习的人无法成为成功的学者，普通的大学教师则将晚上用于剧院或社交娱乐视为虚度光阴。简而言之，大学通过其教师展示了华兹华斯的"俭朴生活和高尚思想"，在这方面，它对任何大型美国社区的影响都具有最大的价值。

7. 大学在所有国家都是爱国的机构。在所有国家机构中，大学几乎一直是最自由和最进步的。这是它的自然趋势，因为"人的思想"——借用爱默生的话来说——是进步的，而年轻人，特别是爱思考的年轻人，往往具有革命性。所有诗人和哲学家都预言未来，他们的思想远远超出了立法者、制造商、商人和农民的实际工作。如果我们想知道下一代将要致力于解决哪些政府和社会问题，就必须研究上一代诗人、教师、文学家和好学青年的前瞻性思考。1743 年，塞缪尔·亚当斯在哈佛大学获得硕士学位时，在一次关于"如果无法以其他方式维护联邦，反抗最高行政长官是否合法"这一问题的讨论中持肯定态度。32 年后，在康科德桥，困境中的农民打响了那声举世皆闻的枪声。南北战争爆发的 25 年前，威廉·埃勒里·钱宁就阐明并强化了所有支撑漫长反奴隶制斗争的伦理原则。朗费罗、洛威尔、布莱恩特和惠蒂尔将那些情感融入生动的诗句，在他们创作多年之后，依然令数百万人心潮澎湃，支撑着北方各州度过了漫长而残酷的四年战争。在欧洲，除极少数例外，大学一直以来且至今仍是政治和社会动荡的策源地。在 1770 年的马萨诸塞州，盖奇将军准确地将哈佛大学描述为"煽动叛乱的温床"。1775 年 6 月 16 日晚，当要去加固邦克山的分遣队在学院对面的小绿地上列队时，正是哈佛学院的院长——爱国牧师兰登站在后来奥利弗·温德尔·霍姆斯出生的那所房子的门阶上，为他们的行动祈求神的庇佑。我们铭记着北方的大学和学院是如何将他们的青年学子送往联邦军队的。学院和大学还造就了记录国家成就的史学家，为后世留存了在议会和战场上的伟大楷模和英勇事迹的记忆。我只需提及帕尔弗里、普雷斯科特、班克罗夫特、莫特利和帕克曼的名字。正是这个国家的教师们，通过向他们所教导的孩子们讲述英雄的故事，为国家的英雄们建立了最持久的纪念碑。那么，大学应该永远、无处不在地爱国，这是很自然的。他们追求理想，而在现代意义上，我们的国家是最崇高的理想之一，它不再是一个理想化的人，如国王或女王，而是一个理想的化身，自由、强大而美丽。

你会问，这些高等教育的目标在任何地方都实现了吗？目前还没有。但随着我们共和国在财富、智慧和真正价值方面的增长，它们肯定会实现。

精简和丰富文法学校课程

1892 年 **2** 月 **16** 日

精简和丰富文法学校课程[1]

　　我们可以从两个角度恰当地使用"精简"这个词。第一，年级数量可以从十个减少到九个，或者从九个减少到八个，这样小学和文法学校的联合学制就可以在 14 岁或 13 岁时结束；第二，可以减少当前课程的数量、种类，或者两者都缩减，从而为引入新科目腾出空间。我注意到，在各个城镇和城市，实际上已经开始了这两种精简课程的做法，我相信，即使不是普遍适用，至少在大多数地方，这两种做法都是可取的。第一种精简课程的理由既简洁又有说服力。分级学校的一大弊端是将聪明孩子和迟钝孩子的进步速度平均化，因此，制定一个适用于八个年级的常规课程，并为特别慢的学生延长学习时间，比制定一个适用于十个年级的课程，然后为特别快的学生缩短学习时间，要更为稳妥。换言之，由于抑制有能力的孩子所造成的教育不公远甚于催促能力不足的孩子，所以课程的构建应当尽可能提供所有可能的机会以规避更严重的恶果。在不改变课程名义年限的情况下，对于部分孩子而言，可以仅通过允许有能力的孩子一年完成两年的功课，就能实现课程的大幅缩短。几天前，我在一次教师会议上听到一位文法学校的校长作证称，在他的学校（约有 650 名学生）中，将近四分之一的学生成功地完成了这项双倍任务。这样的陈述为那些希望精简文法

---

❶　本文宣读于 1892 年 2 月 16 日在布鲁克林举办的全国教育协会的一次会议上。

学校课程并使其丰富化的人开辟了一个令人振奋的前景。

关于第一种精简方式不再赘述，我来谈谈第二种，即对当前学习内容的数量和种类进行理想的削减。我认为，第一，应当大幅削减算术这一学科。我发现，在各年级的课程规划中，通常在九年到十年的时间里，会将八分之一到六分之一的全部在校时间分配给算术。在许多城镇，在这段时间里会使用两本算术教材——一本或许是约一百页的薄本，接着是一本两三百页的厚本。实际上，这本薄教材通常包含了任何人所需知晓的所有算术知识，甚至远超我们大多数人实际的使用量。在诸位这样的专家面前，再强调这个观点就显得多余了。从实用性的角度来看，几何和物理比算术中除基础部分以外的任何内容都更具优势，就思维训练而言，它们也是更可取的。通过缩减算术课程，可以为代数和几何腾出空间。在一些学校，这些科目已经被引入，无论是否在官方课程计划中提及，它们都被证明对11岁~13岁的美国孩子来说既有趣又易于理解，就像对欧洲儿童一样。此外，引入新课程并没有降低学生在算术方面的成绩，反而提高了他们的成就。用代数方法解决问题往往比算术方法更易懂，基于良好的初等几何知识进行测量比缺乏这种基础要容易得多。这三门学科加在一起比连续九年的算术课程要有趣得多。第二，语言学习，包括阅读、写作、拼写、语法和文学，占据了大多数年级课程的 1/3 到 2/5 的时间。这里有足够的空间在四年级或五年级引入外语（古代或现代）的选修学习。这里需要注意的是，引入外语并不会对英语学习造成任何损失。在许多学校，尽管这个深奥且不适合孩子的学科的教学方法已经有了很大的改进，但语法在课程中占据的比重依然过大。五年前，我在科勒尔和丹尼尔合著的《拉丁语初学者之书》中注意到，有一段关于 10~12 岁学生开始学习拉丁语前所需掌握的英语语法知识量的精彩描述。当然，不打算开始学习拉丁语的学生无须掌握更多。学习者在开始学习拉丁语之前需要掌握的所有语法都是"英语中词类的名称和功能，以及常见语法术语的含义，如主语和谓语、格、时态、语态、词形变化、连词"等。现在，人们已经准备了多种手册，通过实例和实践而非规则和教义来传授这种有限的语法知识。因此，以前花费在英语语法上的大部分时间现在可以节省下来用于更有益的用途。第三，地理现在主要通过书籍和平面地图集来教授，主要作为一种记忆研究，并且花费大量时间来记忆大量无法保留的事实，而保留这些事实也几乎没有什么价值。将自然地理与自然科学相结合，将政治地理与历史相结合，并提供适当的地理教学设备，可以节省时间，同时为许多新的有趣的地理教学腾出空间。第四，通过剔除许多城镇和城市的学校中最后一个年级的记账课程，可以为有用的科目节省少量时间。毫无疑问，这门课程被纳入文法学校课程是因为它被认为具有实用价值，但我相信这是整个课程中最无用的科目，因为所教的记账方式，在任何真正的商业机构中都找不到。如今，每一家大型企业都有自己特有的会计和记账方式，这些方式大多具有独特性。几乎每一家大公司或企业都有自己的一套方法，包括印刷好的标题、表格、账单、发票和复写订单簿，以适应自己的业务，并旨在简化账目，减少记账所需的书写量。在学校里，一个男孩或女孩能学到的对将来从事任何实际商业的记账或会计工作有用的东西，就是良好的书写能力和加减乘除小数的准确性。给孩子留下他懂记账的错觉，而实际上他只学了一套他永远不会在任何实际业务中使用的不真实的系统，对孩子来说是一种极大的伤害。充其量，记账不是一门科学，而只是一门基于惯例的艺术。随着现代世界中贸易和工业的分化，记账也有了区分，当然，在学校里教授实践中的无数种差异是不可能的。

因此，我已经用最简洁的方式指出了在当前一些科目中可以方便地减少的内容，以便精简现有的文法学校课程。我的下一个话题是，使课程多样化和丰富化。去年11月在新英格兰学院协会于布朗大学举行的会议上，该协会对文法学校课程提出的新科目进行了最全面的阐述。当时，该协会提请公众注意文法学校课程中的某些变化，并建议逐步利用这些变化。这些变化共有五项。

第一项是建议在课程的早期，引入基础自然历史，通过演示和实践练习而不是通过书籍来教授。毫无疑问，"自然历史"一词旨在包括植物学、动物学、地质学和自然地理学。在大多数文法学校课程中，这些科目已经占有一定的空间，而该协会的建议既涉及教学方法，也涉及分配给该科目的时间。该协会建议采用演示性教学，并为教授这些科目提供充足的设备。公立学校中用于教授地理的适当设备严重不足。事实上，在许多学校中，没有适合教授地理或任何其他自然历史科目的设备可供孩子使用。一些特殊的高中已经配备了自然科学设备，但一般来说，文法学校在这方面仍然匮乏。

第二项是建议在课程的后期，引入基础物理学，采用实验室教学法，并指导学生自己动手进行精确的称重和测量。第三项和第四项是建议在 12 岁或 13 岁时引入代数和几何。第五项建议是从 10 岁开始提供学习法语、德语或拉丁语，或其中任意两种语言的机会。

简言之，这些就是精简和丰富文法学校课程的建议。我想用剩下的时间讨论这些变化的反对意见。第一个是讨论减少算术教学时间的反对意见。许多教师对减少算术教学时间的想法感到震惊，因为他们认为算术提供了一种特别有价值的训练，首先是在推理方面，其次是在思维的精确性和工作的准确性方面。他们意识到学校课程的大部分内容只要求记忆能力，并认为算术能培养推理能力。然而，事实上，数学推理是一种特殊的逻辑形式，它在日常生活中应用很少，在需要完美论证的人类活动的广阔领域中则完全无用。通常，生物学和道德科学都不能利用数学推理。此外，就数学推理本身而言，多样化的学科对学生来说是非常有用的。用代数和几何取代部分算术，就学生对数学逻辑的了解而言，无疑对学生大有裨益。同样，在代数、几何和物理学中，也可以像在算术中一样，获得准确思考和可证明精确工作的实践。为了确保在思维和工作的精确性方面得到充分的实践，坚持这些精确科目中最低级、最无趣的科目是完全不必要的。

第二个反对意见是文法学校中有一些学生无法学习这些新科目。假设这一说法对某些学生来说确实如此，那么我要说的是，在尝试之前，我们不会知道有多少比例的学生在 14 岁时无法学习代数、几何、物理和一些外语。一个有趣的事实是，美国人习惯于低估几乎各个阶段学生的能力，从小学到大学都是如此。美国儿童或美国大学生的成绩预期远低于欧洲。这一错误对美国教育产生长期的不良影响，从小学到大学都是如此，而且在过去二十年里，对大学阶段的影响最为严重。在我看来，文法学校中无法学习几何、代数和外语的学生比例可能会比我们现在想象的要小得多。但即使这个比例很大，也不能成为剥夺所有有能力的学生从中获得好处的机会的理由。最坏的情况是，这个反对意见只能表明，在文法学校中，有必要采用灵活而非僵化的制度，即进行一些选择性的学习，而不是统一的要求。那些有能力学习外语的学生当然应该在适当的年龄（不晚于 10 ~ 11岁）有机会学习，而那些有能力在 12 岁开始学习几何和在 13 岁开始学习代数的学生也应该有这样的机会。如果经验证明，相当比例的文法学校学生无法进行更高层次的学习，那么这一事实只能表明，文法学校应该采取的一项政策是，允许教师为学生选择适合的学习内容。我认为，区分不同能力的学生，为有能力的学生选择适合的教学，并以适当的速度推进每个学生的学习，最终将成为公立学校管理人员最重要的职责，也是他们最能为家庭和国家服务的职责。

对所提出的变革的另一个反对意见通常是它们有贵族化的倾向。据说，民主理论意味着孩子之间的平等、课程的一致、升级的统一测试，以及在同一教室里不根据能力或成绩进行划分。我无须向在座的各位说明，这些关于学校真正民主的概念是错误且有害的。民主社会并不主张违背自然规律，断言所有孩子在能力上都是平等的，或者所有孩子都是相似的，应该受到相同的对待。每个人都知道，孩子之间存在着无穷的差异，即使是来自同一个家庭的孩子，也往往会在性格、气质和智力上大相径庭。每个孩子都是独一无二的个体。对大量孩子同时实施统一的课程和统一的教学方法，必然是不明智且有害的，必须尽民主社会的物质资源所允许的程度，与之斗争并进行改革。为了社会以及个人的利益，应该最大程度地发展和训练每个儿童独特的天赋和能力。因此，在民主国家的公立学校中，目标应该是给予尽可能多的个别指导，根据教师的数量、能力和技能所允许的程度，按能力进行分级，并尽可能以最不规律和最个性的方式促进学生发展，而不是批量升级。几天前，我听说一位重要城市的校长助理宣称，该市许多文法学校的教师反对将每间教室50多名学生按各自的学习成绩和能力进行任何形式的划分。他们希望每个教室的所有学生都在同一个年级，像阅兵场上的士兵一样齐头并进，在考试日到来时，所有人都完成完全相同的任务，并在同一科目上取得了相同的进步。如果这是这所城市公立学校的真实写照，那么可以肯定地预测，这所城市公立学校很快就会变成一所缺乏独立个性的孩子的慈善学校。聪明的美国人一旦明白这意味着什么，就不会让自己的孩子接受这样的教育。在乡村学校中，40名或50名学生中，总是会有10个或12个不同班级的学生处于不同的学习阶段，并以不同的速度进步，这种乡村学校将是唯一有前途的免费学校类型。新提议必然会减少学校的一致性，这不仅不是一个严重的反对理由，反而是最强烈的建议。

从贵族倾向的角度来看，这些提议所言的变革非但不是贵族化的，反而是真正民主学校制度所必需的。因为在穷人孩子能够像富人孩子一样获得他们所能接受的最佳教育之前，无论这种教育的水平如何，这些变革都必须被采纳并实施。适当机会的可获得性是民主社会的本质，不是天赋、成就或能力的平等，因为那种平等是不自然且不可能的，也非大量不恰当机会的存在，因为此类大量机会毫无用处，而是个人能够为自身及社会利益所利用的恰当机会的可获得性。目前，美国的文法学校课程实际上阻碍了一个聪慧的孩子在适当的年龄开始学习外语。我们都知道，那个年龄非常早，远远早于高中时期。它阻止孩子在适当的年龄开始学习代数和几何。它使他无法获得正确类型的自然科学研究的机会。如果一个男孩不打算上高中，根据我们目前的制度，他将永远失去这个机会。如果他打算上高中，他得到这个机会的时间也会太晚。美国的穷孩子应该像富人的孩子一样，有机会获得最适合其性格和能力发展的学校教育。这不是对民主社会可能通过自身文法学校合理追求和实现目标的公正表述吗？然而，现行的文法学校课程实际上阻碍了穷孩子获得这样的机会。富人可以为他们的孩子在私立学校或捐赠学校中获得一个内容丰富、形式多样的个性化教学课程。但绝大多数美国孩子只能局限于分级文法学校有限、统一、机械化的课程。民主社会在把自己的利益与大众的利益混为一谈时，从未像现在这样误入歧途。6岁～15岁学生的分级制度阻碍了本应上升的孩子们在民主社会中的崛起。统一性是美国学校的诅咒。任何学校或大学如果培养出统一的学生，都应被视为低劣的表现，即无力满足社会秩序的合法需求，该社会秩序的基本原则是：每个职业都应对人才开放。如果美国公立学校要实现民主社会的目标，那么就必须具备以下特点：为个体选择课程、针对个体进行教学、不规则升级、根据自然能力和成就速度进行分级，以及根据年龄和成就的不同产生多样化的成果。

有人提出第四个反对意见，声称所提出的变革主要是为了那些经济状况良好的孩子，他们的教育将从文法学校延续到高中，甚至可能延续到大学。这些变革确实符合这类孩子的利益，但它们更符合那些不打算上高中的孩子的利益。因此，文法学校必须提供他们所能接受的全部系统教育。

新英格兰学院协会明确表示，其建议是为了公立学校体系的整体利益，"但这些课程主要是为那些教育不会延续到文法学校之后的孩子开设的。"以几何学为例，它在艺术和贸易中有许多非常重要的应用，每个机械师都需要了解一些几何学知识。如果我们排除最简单和最普通的算术运算，它的应用与算术同样重要。美国绝大多数孩子离开学校时从未接触过这门学科，除了在算术中，可能涉及测量学，这是一个严重的社会不幸。将多样性引入文法学校课程本身很可能使那些 14 岁之后就不再上学的孩子比那些继续上学的孩子受益更多。一个孩子在一个科目上可能很迟钝，但在另一个科目上可能很聪明。因此，一个没有语言天赋的孩子可能在自然历史研究中敏锐而迅速；一个对算术不感兴趣的孩子可能在几何学上表现异常的出色；一个仅仅通过纯脑力训练很难激发思维的孩子可能通过绘画和手工训练在智力上得到发展。在大学里，我们非常熟悉这些差异，而且大多数美国大学的选修制度现在正在为这些不同天赋的有益展示和培养提供自由发挥的空间。同样地，如果文法学校的学习内容更加多样化，整个体系更加灵活，那么即使是迟钝和慢热的孩子也会学得更好。

对引入新科目的第五个反对意见是，孩子们在学校已经超负荷了。在一年多前的一次演讲中，我指出，有两种有效的机械性预防措施可以避免孩子们在学校的超负荷带来的不良影响，令人高兴的是，这些预防措施正被越来越多地采用。它们是良好的通风和在学校期间定期进行简单的体操锻炼。从卫生健康的角度来看，除了孩子们在户外的时间外，上学时间应该是一天中管理得最好的时间。如果在教室里的（活动）在各方面都比普通家庭更健康，我们就会少听到关于在学校超负荷的抱怨。然而，还有第三种预防超负荷的方法，与前面提到的两种方法同样重要，它能使学校工作对孩子们来说变得有趣。四年前，我提请全国教育协会注意学校工作中缺乏兴趣和自觉进步给孩子们带来的压抑感。将新的和更高层次的科目引入学校课程并不一定会增加孩子的压力。如果这一措施增加了工作的趣味性和吸引力，以及成就感，那么它就会减少疲劳和有害压力的风险。

最后，还有一个担忧，那就是引入建议的新科目可能会增加现有升级方面的困难。家长们对孩子的升级非常敏感，他们希望迟钝的孩子和聪慧的孩子能以同样的速度升级。他们对迟钝的孩子和敏捷的孩子一样抱有同情心。我相信，这一实际困难应该通过放弃统一成绩或必要知识标准作为升级依据来部分解决。在哈佛大学，所有学生没有统一的学习计划，事实上，在1450名学生中，任何两名学生在四年的居住期间修读同一门课程的机会都很小，我们早已放弃了将统一成绩作为从一个班级升级到另一个班级的依据。升级的唯一依据是合理的专注度。我斗胆认为，这也是文法学校升级的真正依据。而且，如果仅仅利用这一原则进行升级，那么目前所考虑的困难将会大大减轻，甚至消除。让孩子开始学习新科目的最佳时机是他能够理解该科目的那一刻。我们把整个学校学习过程划分为不同的学年，以及小学、文法学校和高中，这些都是人为的划分，而且在大多数情况下对个体是有害的或有阻碍性的。整个学校生活应该是一个不间断的流动过程，从一个新的兴趣和乐趣流向另一个，而且每个孩子的流动速度都应该是不同的。经济高效的学校管理不可避免地会在一定程度上干扰到流动的连续性和多样性，但最巧妙、最明智的管理方式是干扰最小的管理。

自从四年前我有幸在本监督部门讨论"学校课程能否既精简又丰富"这一问题以来，我回顾了这项改革的进展，发现公立学校课程正在迅速发生巨大而有益的变化，这一点有很多证据可以证明。最有力的证据是，监督员和教师们对这一话题的讨论表现出了极大的兴趣。通过他们，这些建议的改进措施将被详细制定出来，他们的影响力将成功地作用于家长、董事会和公共媒体。他们的回报首先将是每天看到更快乐、训练有素的孩子，其次是他们自身职业的提升。

学校中不可取和可取的统一性

1892 年 **7** 月 **12** 日

学校中不可取和可取的统一性[1]

我的主题是"学校中不可取与可取的统一性"，这里的"学校"一词是从广义上讲的。为了能比较完整地阐述这个主题，我不得不陈述一些在这个专业群体中许多人已经熟悉的事实和原则。教育原本应当是个体身体、心智和意志的发展与训练，当它被系统化，并同时面向成千上万的学生时，几乎不可避免地会采用军事或机械的方法，这些方法往往会导致齐步走和统一的速度，导致的结果是服从命令的操练，而不是个人能力的自由发展。个人的利益常常被忽视，或者更确切地说，只有当个人能被当作同质群体中的一个平均单位时，其利益才会得到考虑。我认为教育体系中的这种自然倾向是一种极大的弊端，尤其是在民主社会还受到其他的影响，包括政府、工业和社会方面的影响，都趋向于使人类群体同质化。

1. 让我们详细思考下学校中不可取的统一性。大城市中的分级学校将为我们提供第一个例子。在完全分级的文法学校的任何一间教室里，我们都会在秋季发现一个由 40~60 名儿童组成的单一班级，他们被认为已经为接下来一年的学习做好了相同的准备；他们将在同一位老师的指导下，在同一时间，使用相同的书籍，学习相同的课程，并贯穿全年；他们应该尽可能在每天每门课上都取得相同的进步，并在相同的间隔内接受相同的测

---

❶ 本文宣读于 1892 年 7 月 12 日在萨拉托加举办的全国教育协会的一次会议上。

试。只要可能，他们每天都会被安排在一起。聪明的孩子从未发挥出最大的努力，而且经常是在浪费时间；而迟钝的孩子则被催促着前进，速度之快使其中一些人感到绝望；班级的理想则是同等的准备、同等的能力、同等的进步和同等的成就。如果在一年的开始，孩子们在能力或成就上明显不平等，那么这将是一件令人遗憾的麻烦事。如果孩子们在智力大小和强度上都相同，那么老师将能够更容易地"掌控她的班级"。如果到了年底，他们的水平还没有得到相当程度的平衡，那么老师就没有达到她所期望的成功。这是对学校中最不可取的统一性的极端描述。从这个意义上说，严格的分级制度是一种教育诅咒。在我看来，在任何一所小学或文法学校的教室里，正确的目标是在学年之初尽快认识到孩子们不同的能力和潜力；要引领他们不断前进，贯穿全年，每个人都按照自己的节奏和速度；到年终时，他们在能力和学识上的差异要远远大于年初。在我看来，如果在每年年终时，一位教师的学生在能力和学识方面与年初相比没有大的不同，那这位教师显然是失败的。我们都知道，孩子和成年人一样，各不相同，而是有着无限差异。教育的目的，就像生活的目的一样，是激发每个人的天赋，并尽可能高度地发展其自然和后天获得的能力。因此，经过四年、十年或二十年的教育或训练，如果受教者在技能、能力或服务能力上变得相同，那么这种教育或训练一定是方向错误的。

在任何一组大约 20 岁就开始积极生活的男女中，随着他们各自的工作、服务和经验的积累，他们之间的差异会越来越大。我们期望到 60 岁时，他们的能力会因为在不同领域和不同程度上得到锻炼而变得非常不同，他们获得的知识和经验储备也会像他们的能力一样各不相同。这种多样性既是人类社会的力量所在，也是其魅力所在。现在，学校工作对儿童的影响应该与生活对成年人的影响相似，因为学校是为生活做准备的。

让我们以更高一级的学校为例——美国的中等学校，包括高中、专科学校和私立预科学校。这些学校的学生会一直学习到 17 岁、18 岁或 19 岁。到了这个年龄，几乎每一个通过训练可以对个人或社会产生价值的特殊心智或身体天赋都已经展现在拥有者身上，以及任何观察力敏锐的朋友面前，前提是这位年轻人已经接触到了人类知识和研究的各个领域，在这些领域中，各种心智能力和活动都能得到发挥。如果一个年轻人除了拉丁语、希腊语和数学之外，从未接触过任何学科的学习，他或许就会对自己在科学或历史研究方面的能力一无所知。如果他除了母语之外从未接触过任何语言，那么他的语言天赋可能就会对自己和朋友隐藏起来。青少年对自己自然倾向和能力的认识是中等教育的主要目标之一。现在，如果这位年轻人就读的唯一学校有着狭窄、统一的课程，包含有限数量的学科，而且没有任何选择，那么中等教育的这一重要目标可能就无法在个人身上实现。一所好的中等学校必须拥有比任何单个学生所能修习的更大、更广泛的课程计划，否则其学科范围将过于狭窄，以至于无法实现好中学的最重要功能——对所有学生的能力进行彻底的探索。

让我进一步以传统学院的高层次课程为例，来说明学校中不可取的统一性。一个年轻人在完成大学课程后，将面临选择职业的问题。我们所有学院的绝大多数毕业生都进入了所谓的三个知识型职业——教学、新闻业和其他文学追求，以及各种科学研究职业。我无须多说，职业的选择对决定每个人未来的幸福和贡献具有不可估量的重要性。现在，这些职业之间的差异如此之大，需要不同的心智属性和个人品质。因此，在这些职业之间的选择应该始终由个人早年获得的能力和兴趣的明确倾向来引导。适合成为医生的年轻人应该更早地被化学、物理和自然历史这些学科所吸引，他应该对这些学科有自然的倾向，而这种倾向应该得到满足。适合成为牧师的年轻人应该在大学中被吸引到语言学、哲学、伦理学、社会学和政治学科的学习中，并应有充足的机会遵循这些自然的吸引力。适合成为律师的年轻人则应该在大学中有意去学习罗马和中世纪历史、制度与政府的历史、政治历史、伦理学、修辞学和逻辑学，并在言语和写作中练习讨论和辩论。而记者呢，在他决定开始接受针对新闻写作的专门训练之前很久，就应当意识到自己对文学、社会学、政治学和历史学的偏爱，并且应该已经在多年的英语写作训练中，每天接受批评和磨炼。然而，统一规定的大学课程并没有给学生提供适当的机会，让他们根据自己的天性去明智地选择职业方向。

考虑到这些不同职业所需的专业训练背后的学科和知识的多样性，难道不奇怪吗？这么多代的教师竟然都主张为他们所有人提供统一的初步训练？然而，过时的、统一的、规定的、基础性的大学课程正是如此，它被认为是一种初步训练，对所有注定要从事学术、科学、文学等职业的人来说都是同样有益的。这确实是学校中不可取的统一性的一个生动例子。

人们普遍认识到杰出个体与普通大众之间在能力上的巨大差异，不同杰出个体之间也存在差异。人类一直拒绝相信他们最崇拜的人属于普通大众。伟大的统治者、发明家和教育家通常都被神化。每个人都能看到莎士比亚、拿破仑和林肯在性格和心智能力上的多样性是无法描述的，但人类显然没有意识到普通人之间彼此的差异有多大。在人类社会中，直到其组织结构变得民主化，才公平地获得了从普通个体真正多样性中获得的适当优势。这需要民主社会分类的流动性来证明发现个体中所有微小而独特的天赋和能力对社会的重要性。我们现在知道，发现并利用那些在其他方面都很普通，但仅仅用他敏感的手指摩擦就能准确判断不同种类羊毛商业价值的人，对社会是非常有利的。我们知道，发现并培养那些能在视线之外的地方，用指尖比城市中其他人有更准确感知的人作为外科医生是非常重要的。我们知道，发现并培养那些能通过色彩瞬间识别出钢钻正确温度的人，对社会是有利的。我们知道，如果一个农夫能写诗，或者一个农妇能唱歌，只要他们的天赋被发现并得到培养，他们就能产生巨大的影响力。我们最近了解到，两位德国机械工人（父子俩）天生对色彩和质地有着敏锐的洞察力，在适当的训练和鼓励下，他们可能会创造出一种全新的花卉图示方法，这样人们就可以一年四季在自然大小和放大尺寸的彩色玻璃模型中研究花卉。民主社会的流动性，这是世界上的一种新事物，使我们充分认识到发现和培养每一个最小个体的天赋和能力的重要性。最伟大的天赋往往能够自己展现出来，而天才也往往不依赖于教育机构。正是那些卑微、渺小、不起眼但数量庞大的独特个体天赋，教育系统才应该不遗余力地发掘出来。学校的统一化教育会扼杀和埋没这些天赋。

此外，民主社会不可避免地寻求人人平等，尽管它并不愚蠢到相信自然才能或力量是平等的。现在，确保大致平等的最佳机会恰恰在于通过教育发现和开发社会中每个个体的独特天赋。伟大的才能或力量与微小的个人天赋一样，都不能确保在这个世界上获得幸福和繁荣。如果好好利用，一点小小的天赋可能会比更大的天赋给个人及其家庭带来更大的利益。世界并不会根据人们工作的智力质量来给予相应的回报。乡村杂货店老板的收入比他的牧师高。许多技艺高超的机械师，他们的天赋在于眼睛或手，他们的收入比小学老师或报纸编辑多。如果公共教育能够发现和开发学校中孩子的天赋和能力的无限多样性，那么这些孩子在成年后获得大致平等的机会就会大大增加。学校的统一性会削弱这些机会。

任何在学校或大学中有过丰富经验的人都会发现，随着教育课程的进行，新的科目被摆在一个班级或一群学生面前，聪明和迟钝的孩子并不总是保持原来的位置，那些被认为是聪明的孩子可能会变得显然迟钝，而那些被认为是迟钝的孩子，也许会成为佼佼者。原因是迟钝的孩子终于遇到了他们擅长的科目，而那些聪明的孩子一直在很大程度上运用他们具备的某种能力，现在却被带到了一个新领域，他们的能力并不适应这个新领域。灵活多样的学校课程将为所有孩子提供最有利的机会，僵化统一的课程则不会。没有像军队、船舶或工厂那样的机器能成为民主机构，因为它要求大多数人服从，个人精力要服从集体行动。只要学校是一个生产统一产品的机器，就必然会失败，正因如此，它无法服务于民主社会的真正利益。迄今为止，我一直强调，一所严格分级的文法学校、一所只有有限课程的中学或学院，或者一所统一规定课程的大学，必然抑制个体差异，而不是发展它们，而且必然让个体能力得不到发现和训练，从而剥夺了个人的幸福和实用性，也剥夺了社会本可能从数千名成员的特别禀赋中获得的成果。但这并不是学校中不可取的统一性造成的全部危害。它还降低了教师的职能，把他本应该丰富多彩、鼓舞人心的职业变成了一种扼杀人的常规工作，这种常规工作每年都在重复。我不知道一位文法学校一个班级的女教师，年复一年地遵循着同样的规定程序，对此前已尽可能被塑造得整齐划一、将来也要尽可能培养得整齐划一的学生授课，她如何能在五六年以上的时间里保持工作中的智力新鲜感和热情。许多人说，分级学校的教师最多只能工作十年，因为他们会变得迟钝、刻板、无趣。如果这是真的，那么这肯定是制度的问题，而不是教师的问题。如果我们再往教育等级体系的高处看，反对统一性的意见也同样适用。一个人年复一年地被迫阅读同一希腊和拉丁文学作者的相同段落，与处于相同教育阶段的学生打交道，这些学生向他展示的不是精心培养的多样化的能力和成就，而是教育工厂能够产生的最大相似性，那他的智力命运将会如何？我们许多人都能想起大学里的那些老师，他们每年给低年级学生讲授同样的教材，一讲就是二十年。年复一年，他们无望地努力着，试图让对这门课毫无兴趣的学生对其产生兴趣，驱使不情愿的学生取得些许进步，哪怕进步微乎其微，同时还要让那些对这门课有一定天赋的学生感到满意。这项精心策划的任务，旨在削弱最强烈的热情，摧毁教学中的所有乐趣，并使受害者的智力和学术抱负变得迟钝。教师生活中的主要兴趣在于研究和发展学生无穷无尽的各种智力和道德品质。一个对所有学生都一样的僵化统一的课程，剥夺了教师轻松进入这一最有趣的教学领域的权利，而教学工作的这种降级是学校中不可取的统一性带来的最令人痛心的结果之一。一位要保持精神新鲜感和热情的老师，必须力求使他的教学每年都有所不同，并与他认识到并乐于培养的、具有无限多样性的学生建立亲密的联系。这一原则同样适用于小学或文法学校的教师，也适用于大学教授。如果遵循这一原则，教师的生活就永远不会变得单调、乏味或压抑。

在这里，我们应该认识到一个显而易见的事实，那就是20年前，美国学校的发展趋势是更加严格分级、同步升级和统一的规定课程，而近年来的趋势则是自由和多样化。例如，传统的古典学院引入了英语选修课程，单一的高中课程被细分为三到四个甚至九个平行课程，最近，神圣的文法学校也引入了与其不同观点的选修课。我们开始听到很多关于宽松分级、灵活分类和频繁、不规则升级的讨论。人们开始认识到，严格的分级和僵硬的分类不是好事，而是坏事，而统一的课程、分级和升级考试从根本上讲，只是经济性的机械发明，它们使得一个城市或大型城镇能够从大量受教育程度不足、薪酬低下的教师那里获得可接受的学校成果，这些教师由少数受过更好训练、更有经验的校长和监督员指导。近年来，辛辛那提市的埃默森·E·怀特博士关于《分级学校的升级和考试》的报告最引人注目，这篇报告不仅描述了弊端，还提出了补救措施。

但是，学校或大学在某种程度上难道不是一台机器吗？它难道不是为了尽可能智能和有效地处理大量学生而设立的机构吗？这些学生必须按照一般原则，作为整体，而不是个体进行分类、排序和训练吗？难道学校不是不可避免地要在固定的时间教授固定的科目，通过长期计划和准备的考试，用统一的标准，也采用统一的方法来使大量学生同时达到这些标准吗？

所有这些问题都必须得到肯定的回答，但也要仔细考虑其中的限制条件。中小学或学院在某种程度上必须是一台机器，但请让它在最低限度上变成如此。让我们尽量避免死板的规则、专断的法令和统一的规定。当然，在大规模学校或学院中进行分类是必要的。但请让它尽可能灵活和频繁地更新。在规定的时期进行忠诚度和智力状况的测试也是必要的，这些测试应该旨在确定学生能够做什么，而非他们知道什么。必然会有预期和未预期的考试。请让考试始终由教师来主导，并作为教学和学习中的辅助和指导手段。教师需要通过这样的测试不时地了解他的教学被学生吸收了多少，学生也需要从测试中了解教师对他们的期望。关于科目、分配给每个科目的时间以及最低标准的统一性，我将在本文的第二部分进行讨论。

避免学校中不良统一性的最佳方法是稳步推动教学个性化，减少分配给每位教师的学生人数。分配给每位教师的学生人数越多，方法和进度的统一性就越不可避免，就越难顾及学生个体好坏不一的特殊性。如果一位女教师从上午九点到下午一点要教育 50 名~60 名学生，她很可能没有空闲时间去关注每个学生的特殊能力或缺陷，因此半军事化、机械化的教学方法就不可避免了。这样的条件可能会让人们将今天的城市分级学校与 30 年前的老式乡村学校进行对比，而后者可能更占优势。在新英格兰的乡村学校中（每班）有 40 名学生，当时的大学生教师会教授十几门课程。学生们处于不同的学习阶段，在一位富有爱心的年轻教师的指导下，聪明的学生可以迅速从一个班级转到另一个班级，这位教师的工作是多种多样的，他对所有认真和有能力的学生的进步都充满乐趣。随着时间的推移，教学个性化将增加对每个学生的气质、体质、智力和缺陷的仔细研究，这种研究方法类似于圣贝纳迪诺的弗莱校长所描述和实施的那样。

2. 现在我转而讨论学校中可取的统一性，因为确实存在这样的统一性，并且它在从幼儿期到成年期的公共教育体系中具有重大意义。虽然并不是所有的孩子都适合学习代数、几何、动物学、物理学或外语，但很可能每种科目都有其最佳的学习方法，所有学习这些科目的学生都应该遵循这些最佳方法。此外，很可能在每个科目中都有一些特定的主题，所有学习这个科目的孩子都应该学习，并且这些主题的范围很可能可以相当精确地界定。如果某个科目值得教授，那么很可能有一个可以确定的周课时数，这个课时数在几年内可以最好地用于该科目的教学。因此，物理教学专家会议应该能够就物理学的最佳主题、最佳教学模式以及每年可合理投入的周课时数达成一致；当学生掌握了基础知识，准备好面对更难的问题时，对于物理学习的第二阶段，他们应该能够达成类似的共识；他们应该能够在第一年、第二年或第三年的物理进阶课程中，在每周物理实验室工作六小时、每周听三次讲座的 20 名学生的班级里，对能够有效地教授多少主题达成一致。如果物理学是大学入学考试中可以作为考生适合进行学习的科目之一，那么中学的物理教师和大学的物理教师应该能够通过协商，确定 18 岁申请入学的考生在该科目上应该具备的知识水平的合理范围。同样地，如果初等平面几何是七年级或八年级教授的科目之一，那么专家应该能够确定该年级的学生可以学习多少平面几何，以及需要多少周课时。有些学生可能会学习比建议量更多的内容，毫无疑问，有些学生可能会发现这么多内容无法掌握，但是，对于特定年级，很可能就最低标准达成一致。虽然不希望所有学生都学习相同的科目，或者在同一科目上以相同的速度学习，并且要充分考虑到任何一组孩子的每个科目学习能力的巨大差异，但是通过仔细研究和观点比较，仍然可以确定在个体学生进步的特定阶段，每个科目应该追求到何种合理程度。一个学生可能在 10 岁开始学习代数，另一个在 11 岁，又一个在 13 岁。但是，无论他们何时开始学习代数，如果他们每周投入一定的时间学习一年，那么在这一年内可以达到的合理最低期望就可以确定下来。

为了防止国家教育体系中各个层次出现人力和时间的浪费，非常需要就文法学校、高中和专科学校课程中涉及各个科目的主题、时间分配、方法和适当的测试制定公约或协议。文法学校课程是高中课程的基础，而高中和专科学校课程则是大学课程的基础。现在，虽然从文法学校升入高中的所有学生在同一年内学习的科目完全相同是全然不必要的，但理想的情况是，所有高中都能够指望所有文法学校以商定的方式和范围，以及达到该科目习得能力的最低标准来教授某一特定科目。因此，在高中阶段结束时，所有申请大学入学的学生都学习过相同的科目既没有必要也不可取。理想的情况是，他们在所修科目上的成就应当代表相当统一的年周学时数，并且通常应当以商定的方法涵盖每个学科中一定数量的选定主题。但目前的情况并非如此。例如，哈佛大学和耶鲁大学在美国各地众多城市进行入学考试。但是，这两所大学在同一科目的要求存在着一些不同寻常的微小差异。这两所大学都要求入学时必须学习拉丁语和代数。但是，向两所大学推荐考生的校长都知道，耶鲁大学的要求与哈佛大学的要求在拉丁语和代数上都有所不同。新英格兰学院协会已经采取了一些措施，以减少新英格兰20所学院入学要求中同一科目内荒谬的差异，但仍然存在许多毫无意义且琐碎的、令人烦恼的差异。当然，就全国范围内的中学和学院而言，同一科目内存在的差异更为严重和普遍。

现在，虽然当我们试图为学校目的去界定每个科目的适当范围时，文法学校、高中和专科学校的科目数量有些庞大，但实际上仍然很少。考虑到本世纪知识的巨大扩展，用于初等和中等教育的科目数量之少是令人惊讶的。从考生可选择的科目数量比其他任何教育机构都多的意义上讲，哈佛大学的入学要求比其他任何教育机构都更为多样。然而，单独的科目数量只有16个。它们是英语、希腊语（初级和高级）、拉丁语（初级和高级）、德语（初级和高级）、法语（初级和高级）、希腊历史、罗马历史、美国历史、英国历史、代数（初级和高级）、平面和立体几何、三角学、解析几何基础、天文学、物理学（初级和高级）及化学。

这些科目之间的选择范围如此广泛，以至于在每年的入学考试中，都会出现 70 种~90 种不同的科目组合，而且可能还有数百种组合。然而，考试管理却非常轻松，对于考官来说，其工作量和麻烦程度要比为所有考生规定一套严格的 16 门考试要少得多。

哈佛大学的入学要求包括至少两门高级科目，即考生必须对科目进行数年的学习，因此这些科目已经超出了基础阶段。在寻求高等教育入学途径的多样性方面，一些学院和大学允许只学习过大量基础科目而没有高级科目的学生入学，但这样的途径将永远无法与传统的拉丁语、希腊语和数学入学要求相提并论，原因很简单，因为它们没有包括任何一门科目的长期或深入的研究。所谓预科学校的普通课程之所以比普通高中的普通课程提供更好的训练，主要原因是学生的注意力更加集中，科目数量更少，而且每门科目都学得更深入。长期以来，人们一直认为预科学校的优越性在于教授的拉丁语和希腊语。但我的看法是，他们的优势主要归因于将精力集中在少数科目上，而且如果其他许多科目像古典文学那样占用学生同样多的时间，也会取得同样好的效果。不过，我们可以肯定的是，在高中科学课程中，将植物学、动物学、地质学、生理学、物理学、化学和天文学全部加在一起，以古典课程中学习希腊语相同的时间来学习，其训练效果将不如单独学习希腊语。我们可以肯定的是，每周学习法语两年和德语一年，其语言训练效果将不如每周学习任何一种语言三年那么好。为了在 14 岁~18 岁这个年龄段从任何科目中获得良好的训练，就必须超越其基础阶段，进行长期和深入的研究。

密歇根大学和康奈尔大学的入学要求从另一个方面说明了个体考生的

多样性，这与哈佛大学的情况不同，这种多样性是通过对适量科目的几种不同组合来实现的。因此，在康奈尔大学，入学要求分为四个不同的组别，第一组是最难的一组，包括 11 门科目。第二组包括 12 门科目，第三组包括 8 门科目，第四组是最简单的一组，包括 10 门科目。为了组成这四个组别，只使用了 15 门单独的科目。而密歇根大学的入学要求分为五个不同的组别，每组包含 9 门~13 门科目不等，总共是 21 门科目。密歇根大学之所以有更多的单独科目，是因为它为了更接近高中，允许考生在其他条件之外，从七个零散的科目中进行选择，其中任何一个科目的学习都不需要超过半年。

　　现在，我们并不希望所有美国大学的入学要求都相同，也不希望任何一所大学只有一套入学要求。但如果所有大学和学院能在其入学要求的每个科目的范围、在学校中应投入的时间、适当的教学方法以及测试学生对该科目知识掌握程度的最公平方式等方面达成一致，那么这将大大促进中学的教育。这种统一性是非常可取的，而且绝非遥不可及。如果哈佛、耶鲁、康奈尔、密歇根和加州等四五所顶尖大学能够在这个问题上达成一致，那么重点中学的教育很可能会逐渐符合大学的建议。目前，普通初中所涉及的科目数量较少，因此对于这些年级来说，达成一致比高中更容易。但是，高中和专科学校从上述提及的文法学校协议中获得的利益将是巨大的，特别是对于专科学校来说，因为它们的学生来自许多相距甚远的社区。然而，在公共中等教育中，通过科目一致性原则实现的有利应用更为广泛。与美国许多高中四年制课程所涉及的科目数量相比，文法学校所使用的科目数量较少，但这四年制课程通常分为三个部分——古典学、拉丁语和理科，其中包含了相当多的选修科目，因此没有哪个学生被迫学习课程中的所有科目。表 1 是根据全国各地大量高中的课程计划编制的清单，据称其中包含了高中课程方案目前通常所囊括的所有科目。

表1　高中课程囊括的科目

序号	科目	备注
1	英语文学和写作	涵盖了修辞学的要素
2	历史古代、中世纪和现代	
3	民治政府	
4	法语	
5	德语	
6	拉丁语	
7	希腊语	
8	算术	
9	代数	
10	平面几何	
11	立体几何	
12	三角学	
13	解析几何	
14	自然地理学	
15	地质学	
16	植物学	
17	动物学	
18	生理学	
19	物理学	
20	化学	
21	天文学	
22	心理学	
23	道德哲学	
24	国际法	
25	政治经济学	
26	教育学	
27	音乐	
28	绘画	
29	速记	
30	记账	

毕竟，这些科目只有 30 个，为 14 岁~18 岁的学生制定每门科目的大致范围、每门科目的正确学习方法以及每年每周应投入的小时数，这并不会超出人类的智慧范围。专家委员会同意其中一些科目是所有学生都应该学习的，但绝大多数应该是选修科目，这似乎并非不可能。也许在这份清单中，除非仅仅作为阅读材料，否则专家委员会认为有一些科目根本不应该被纳入旨在涵盖 14 岁~18 岁年龄段的课程中。

在整个有组织的教育过程中，从 5 岁~25 岁，公立高中在按科目实现统一性方面存在最大的困难。一部分原因是，自从所有主要大学采用选修制度以来，考虑到课程的短暂性，高中生个人尝试的科目种类比其他任何机构都要多。而且由于必要，大多数科目仅以最基础的方式进行讲授，美国大学的传统课程就是这样一种被夸大的基础科目组合。另一部分原因是，进入大学的学生已经学习了数年的拉丁语、希腊语和数学，这三门科目在大学课程的大部分时间里都是必修的，这才使得情况有所好转。

有很多理由支持城市学校系统日益采用的这种做法，即设置 12 个年级，且不将这些年级划分为小学、初中和高中这几个组别。通过这种安排，除了获得的其他优势之外，学科的一致性和学生个体的多样性都得到了促进。它使在 9 年、10 年、11 年或 12 年内完成 12 个年级的学业变得更容易。实际上并不存在与这三个传统类别相对应的划分，而暗示有这种划分的命名可能在一定程度上减少了升入高年级的学生比例。

在许多地方，已经大力且迅速成功地在初中课程中引入新科目，这将对高中课程产生非常有利的影响，并使我们明显更接近实现唯一真正的民主学校原则——每个年级都为处于其进步阶段的每个学生提供尽可能最好的能力培养，无论其教育在什么年龄结束。在任何年龄段，更多的信息都无法弥补（实际）能力的不足。仅仅因为孩子们在学校的时间较少，就给他们提供较差的教育，这无疑是雪上加霜。文法学校课程的丰富意味着为学生提供更多的选择，也可能意味着同一城镇或城市之间的文法学校有所区别。这两种改进都将减少不可取的统一性，并促进理想状态的出现。

我们的政府机构没有提供对教育广泛的具有权威性的监督，国家政府没有这样的职能。一些新成立的州设有州督学和县督学，但这些官员的权力往往有限，任期短且不稳定。许多老州则没有这样的官员。总的来说，教育管理是地方性的，每个城镇或城市在学校管理方面都是独立的。因此，要在全国范围内对中小学和大学课程施加影响，最大的希望在于每个教学科目中少数专家的自愿行动，他们能够指挥那些已获得公认卓越地位的机构并进行合作，在一个全国性协会的批准下采取行动。

作为对这项艰巨工作的鼓励，我将提到四个有趣的例子，这些例子展示了在美国，少数有能力和企业的个人自愿合作所带来的巨大变化——一个涉及实际事务，三个涉及教育领域。实际事务方面的变革是"标准时间"在全美大陆的采用。这一改进是由几家主要铁路公司在少数天文学家的建议下推动的。这是少数实力雄厚的公司和几位专家的工作成果。然而，它影响了几乎所有美国人的日常生活，在那些标准时间和当地时间相差将近或整半小时的地区，这种变化明显给民众带来了不便。

我所提及的教育变革中的第一项，是在美国的中小学和大学里，欧几里得几何很早就被从法语翻译过来的更简单的几何学所取代。这一重大改进是由领先院校的少数数学教师实现的。欧几里得几何在美国虽已不再使用，但在英国，仍被其后的两代人沿用。

在美国一些学院和学校中，有效领导的第二个有趣成果体现在采用了所谓的拉丁语罗马发音。由于顶尖院校的两三位拉丁语教授的推荐，这种发音迅速在美国各地传播开来，现在已成为大多数中小学和大学所接受的发音。与之形成鲜明对比的是英国的实际情况，二十多年前，牛津大学和剑桥大学的拉丁语教授联合建议采用新的发音，但他们的建议在英国的中小学和大学里没有产生任何影响。

第三个从美国少数几个中心开始，但迅速广泛采用的教育变革，是用实验方法代替书本方法教授自然科学。这是过去 20 年来教育方法上最重要的改进，因为它首次使科学在学科竞争中获得了公平竞争的机会。它提供了科学本应提供的真正训练，而书本法则无法展示科学的特性，就记忆训练而言，用书本法则学习科学还不如历史、语法和文学。

因此，我主张，如果学校的统一意味着个人要学习统一的科目，要有统一的步调和速度，那么这种统一是不可取的；如果它意味着对所有学生或部分学生来说，明智地选择可以纳入各个年级的所有科目，并对这些科目进行定义，确定每个科目应投入的平均或普通时间，并规定适合每个科目的教学方法，那么这种统一是可取的。最后，我相信，实现这种理想统一的最有希望的途径是，由全国性协会认可的明智专家提出建议，建议涉及选择、定义、时间分配和方法，这些建议较快地被少数几个主要城市和机构采纳，并通过全国许多机构和学校系统的年复一年的合作实验不断加以完善。

未来的文法学校

1893 年 12 月 1 日

未来的文法学校[1]

    首先，我们必须考虑硬件设施。我们期待一些重大的改进，我们希望在建筑内部能有更多的新鲜空气、适中的温度和充足的光线。良好的空气、良好的光线，以及每隔一两个小时的户外活动都是健康精神活动的必要条件。我还相信未来的文法学校将会有一片宽阔的空地，即使在我们最密集的城市中，这也有一个资金问题。我相信，当美国人清楚地认识到，为了美国广大儿童的福祉，某些开支是必要的，他们会找到办法来支付这笔费用的。因此，我相信，无论是在城市还是乡村，未来的文法学校都将有一片空地。

    现在，让我们来谈谈文法学校的另一个改进之处，这需要做进一步解释。当教师和孩子们离开建筑后，里面通常只剩下炉子和家具，而没有贵重的设备，没有大量的书籍，也没有收藏品。我认为，在这里，我们发现了现实中的文法学校和未来的文法学校之间的巨大差异。只是最近几年，我们才意识到，没有好的教具，就什么都教不好，绝对什么都教不好。我相信未来的文法学校将拥有大量各种各样的教具。首先，它将拥有书籍。我们正在克服这样一种观念，即孩子们可以从一本小教科书中学习，或者教师可以只通过一本小教科书来教学。我们意识到，每个科目都需要通过

---

[1] 本文宣读于 1893 年 12 月 1 日的马萨诸塞州教师协会的一次会议上。

许多不同的书籍来向教师和学生进行说明。我们已经从文学作品中了解到了这一点。但是，如果没有一个用于阐释的图书库，我们能成功地向6岁~14岁的孩子教授历史吗？莫尔斯先生刚刚向我们展示了如何在田野中进行自然史的基础教学，但是，在离开文法学校之前，孩子就应该能够接触到大量关于自然历史的书籍，不是为了记忆——远非如此，而是为了从中获得乐趣。没有哪个科目不需要教具来进行教学。为了在高中取得良好的化学教学效果，需要一定量的简单教具，物理学也是如此。我们今天下午听到，即使是像几何学这样高度理论化的学科，也需要简单的教具。它必须先通过具体的方法进行教学，而学生则需要测量工具和绘图工具。未来的文法学校将如何教授地理学？这个综合了所有其他自然历史学科，通过它，孩子们应当接触到植物学、地质学和气象学，没有它，历史也无法令人满意地教授。为了让孩子理解我们所说的"我们的国家"，这门学科必须让孩子铭记于心。仅仅增加一种说明手段，即风景照片，就能给地理带来极大的趣味和训练价值，这真是非同寻常。无论是平原和高原、山脉和山谷、湖泊和河流的形成，没有哪一点不能通过照片得到很好的说明。所以我说，未来的文法学校将会在其校内为地理教学配备大量各种各样的模型、图表、地图、地球仪和照片，它还会在自然历史的各个分支中收集典型的物品。对于孩子来说，所有学科首先都需要实物，然后通过实物的表象和描述来进行具体的处理。为了做到这一点，我们在所有学科中都要有说明手段。因此，我相信未来的文法学校将会是一座丰富的博物馆，当师生离开时，它绝不会空空如也。

这再次意味着资金的支出。我们怎么能指望为文法学校购买这些昂贵的材料呢？现在文法学校的费用不是已经超过公众愿意支付的费用了吗？新设备的费用难道不是一个持续的困难吗？让我根据多年管理一所大学的经验指出，这所大学与它所追求的目标相比，一直都很贫穷，所有这些设备都可以通过适度的年度开支逐渐增加，而且近年来这些设备的成本有降低的趋势。例如，物理设备的成本现在不超过十年前的五分之一。

现在我要谈另一件事，它在某种程度上可以说是机械性的，但远不止于此。如果我们走进美国任何一所高级文法学校的任何一间教室，我们很可能会发现，五六十个孩子通常是由一位年轻的女教师负责教育，其教学经验很少，而且也不会长。多年来，我一直在观察在大学接受教育的学生，他们是比文法学校学生大得多的学生，甚至是文法学校学生年龄的两倍，他们还要学习所有语言和科学领域的各种科目，以及历史、哲学、法律、医学和神学。但我从未见过一位大学老师试图每天花 5 小时来处理与波士顿市每位年轻文法学校老师面前一样多的学生。而这些大学老师，他们绝不会想到要去完成文法学校老师所面临的那种工作，他们都是受过高等教育、经验丰富、非常认真的人。很明显，这位面前有五六十名学生的年轻女老师正在尝试一项凡人无法完成的工作，特别是我们假设文法学校的教学将是今天所有发言者所描述和指出的那种理想的教育模式。我想，如果分级近乎完美，而且我们满足于"统一"的结果，那么在文法学校上课期间，一个年轻的女老师要听完面前 50 个孩子中每个人背诵一本书的课程，并对那些没有背诵课程的孩子保持一定程度的监督，这或许是可行的。但新的教育方式完全不同，它需要机敏、活力和富有同情心的热情，但这令人精疲力竭。教师的美德每时每刻都在流失。可能的补救办法是什么？把教师数量增加一倍也不为过。因为 25 名或 30 名学生对于一位教师来说已经足够应付了。现在的教学需要针对个人进行，不关注个人的教育都不是好的教育。学生的兴趣应当得到培养，因为我们逐渐接受这样一种学说，即不能激发学生兴趣的教育都不是好的教育。

但我们必须承认，在目前大多数文法学校系统中，无论是在城市还是在乡村，将教师人数增加一倍并不是一个实际可行的目标。我们不可能在一代人的时间内实现这一理想的结果。因此,我们问,难道没有其他可能解决这一严重困难的方法吗?我想,关于这个问题,可以提出两个建议,它们都是我从大学经验中得出的。我注意到,从教育体系的另一端,即幼儿园,也可以提出同样的建议。

在哈佛大学,我们认识到应该关注每一个学生,满足他们的需求,牢记他们的希望和抱负。教授可以在一个小时内为全班学生概述一个为期一个月的学习计划。他可以指出他们日常工作的方向。如果他有能力,可以让学生们充满热情,这种热情将伴随他们一个月。一位老师可以对大量的学生进行如此多的个人指导,但当涉及监督大量学生的日常工作时,单独一位教授是远远不够的。在大学里,我们提供助教。我们最初在实验室,即物理和化学的旧式实验室里这样做。现在我们已经把它扩展到所有部门,这种方法在整个大学都运行良好。这些助教是刚毕业的大学生,他们曾经上过这些课程,通常是在他们所协助的同一位教授的指导下完成的。他们每周或每天与导师会面,并获得全面的指导。我之所以描述这种大学方法,是因为我认为它适用于整个学校系统,尽管在目前的教师任命体系下,这种方法可能效果不佳,因为导师和他的助教之间必须有非常紧密的合作和默契。我不想说,除了班主任以外,任何人选择助教都会奏效。这是大学的惯例。

为了应对我们正在考虑的巨大困难,我可以提出另一个建议。那就是,任何城市学校系统的导师,以及城市或农村学校系统的督学,都应该承担起领导班级的角色。我相信学校需要比现在更多经过高度培训和经验丰富的教师,而这些教师可以在许多学校按照院系计划有效地工作。我们看到,在特殊科目中聘请专业教师,以及为教学部门指派主任的做法,正是这种方法的初步实践,这个系统将需要比目前更多的男教师。

去年 12 月召开的中学教育会议建议大幅扩展当今文法学校所使用的科

目，并在教学中将这些科目相互关联，以便所有教师都能对多个科目产生兴趣。这一建议将使许多目前属于高中的科目进入文法学校，这一变化将使未来的文法学校得到最大限度的改善。它将使文法学校成为所有学生的好学校，而不仅是现在那些未来出路最卑微的学生的学校。然而，现在它是 95% 的美国孩子的唯一学校。在一个民主国家，公立学校应当使任何孩子在任何学年都能获得可能的最好教育，不仅是为了最卑微的出路，而是为了所有的出路，这是对文法学校的真正看法。这正是美国文法学校应当有的样子，与现存的每一所欧洲普及学校之间有着真正的区别。欧洲的阶级学校不适合美国效仿，仅仅因为它们是阶级学校，而我们需要的是一所面向大众的学校。

目前，美国有多种拯救或摆脱现行文法学校教育模式的方法。值得注意的是，波士顿就有一种方法，那就是通过提前进入拉丁学校和高中。但未来的美国文法学校将使每个孩子都能在没有特殊优待的情况下，在适当的年龄学习适当的科目，并能根据自身能力尽可能深入和快速地进行学习，从而将如今的例外情况会变为常规。同时，必须有可能以不同的速度取得进步，并放弃将"统一性"作为学校目标。

因此，我期望未来的文法学校能在一个重要方面与过去一代主导美国文法学校的原则有所不同。之所以期待这种改进，是因为我相信美国人民愿意不惜一切代价，将他们认为能促进同等能力的儿童机会平等的原则付诸实践。我相信，美国人民把拿破仑强调的"每个职业都对人才开放"作为民主的一个公正定义。我相信这句话将公正地描述未来的文法学校。

教育改革的统一性

1894 年 **10** 月

教育改革的统一性[1]

　　十人委员会的报告现已在全国教师手中传阅约六个月了，因此有足够的时间来整理和发表一些批评和反对意见。我在此次演讲中打算就一种批评或反对意见发表评论，这种意见以不同的形式和来自不同人的观点被摆在了教育界公众面前。每当我提到这份报告时，我打算将会议报告以及十人委员会的正式报告都包括在内，因为整个报告的主要价值在于会议报告。

　　我要讨论的关于这份报告的反对意见包含在这个问题中："大学人士对学校了解多少？"那些提出这一反对意见的人，实质上是说："超过半数的会议成员当时在学院和大学任职，十人委员会的情况也是如此。"对 6 岁~18 岁儿童学校的明智管理，与对学院和大学的明智管理截然不同。不但学生的年龄存在差异，而且他们的生活模式以及所需的纪律规范也各不相同。相较于大学生，幼童的心智能力较低，意志力较为薄弱，道德品质也未得到充分发展。那些负责教导和管理 18 岁~24 岁年轻人的人，怎么可能了解儿童学校的情况呢？让他们专注于高等教育，切勿试图教导中小学教育专家如何经营与他们的业务大相径庭的业务。一个人即便成功地管理

---

[1] 1894 年 7 月 11 日，本文于新罕布什尔州伯利恒（BETHLEHEM）举办美国教育协会的一次会议上宣读，并发表于 1894 年 10 月出版的《教育评论》杂志。

了一所学院或大学，但其对于管理一所学校或一系列学校的最佳模式所给出的建议，很可能毫无价值。我们这些中小学校的主管和校长必须处理大量的普通素材，而学院和大学的教师只需应对为数不多的特殊个体。

为应对这一异议，我希望确认并阐释这样一个主张：在从 5 岁或 6 岁延伸至 25 岁或 26 岁的漫长教育历程中，现代教育改革的核心原则和目标自始至终都完全一致。"教育建设"这一表述或许比"教育改革"更为恰当，因为在我们所处的时代和国家，我们实际上正在构建全民民主教育的所有方式方法。我们很少意识到这项教育建设工作是如此新颖和具有开创性。作为世界上的一股力量，普及教育在任何国家都不早于本世纪。即使在法国这样的文明国家，它也只有不过二十年的历史。在英国，它则始于1871 年。柏拉图认为，生产或工业阶层不需要教育，而社会哲学家们开始认真质疑这一柏拉图学说，也不过是近一百年的事。即使在我们自己的国家，教育也还没有实现普及。在所有国家，教育实践都远远落后于教育理论。在这个如此新颖、如此陌生、如此充满希望的教育建设过程中，我相信从幼儿园到大学的主要原则和目标是相同的。因此，我坚持认为，学校教师应该理解和支持大学改革和进步，而大学和学院的教师应该理解和帮助学校改革和进步。让我们共同回顾这些主要的原则和目标，尽管这样做必然会重复一些我以前经常说的话。

1. 这些目标中的第一个是促进个别教学，即针对个别学生而不是群体或班级进行教学。目前，幼儿园和大学最能说明这一改革的进展。这一有益的趋势在整个教育过程中都清晰可见。在中小学，人们一直在努力减少分配给每位老师的学生数量；在一些幸运的中学里，学生与老师的比例已经有意地变得像那些一直在迅速增加高级课程的最繁荣的大学里偶然出现的那种有利的状况一样。在城市学校体系中，分配给每位老师的学生数量被认为是决定该系统与其他系统相比在质量和排名上优于任何其他单一状况的基本事实。近年来，学校和大学的课程中都引入了一些新的内容，对于这些内容，旧的教学方法，即讲座和背诵被证明是不够的，甚至完全不可行。这些新内容主要是色彩和形式的实物教学、绘画和建模、生物学、动物学、化学、物理学、矿物学和地质学等自然科学，以及各种类型的手工训练。在学校和大学中，所有这些科目真正有效的教学都是针对每个学生的。无论是什么科目，所有的实验室和车间教学都具有这一特点。从幼儿园到大学，通过实验室方法，每个学生，无论他是 3 岁还是 23 岁，都亲自动手，学会使用自己的感官，这种方法取代了用插图书籍和演示性讲座教授科学的旧方法。可以给全班进行一般性的解释和指导，但在实验室里，每个学生的工作都必须被单独监督和评估。没有什么比实验室笔记本更具个性化的了。在所有实验室和机械车间的工作中，不同学生的进步速度差异很大。更快的眼睛、更灵巧的双手、更大的热情和更好的判断力都会有所体现，老师也有机会发现不同学生的天赋或缺陷，并发展每个学生的特殊能力。所有文科和理科科目都需要个别指导。在绘画、素描和建模方面，教学必然是因人而异的。手工训练的一个最好结果就是每个学生都必须接受个别批评和指导。教师不得不单独处理每个学生，并以每个学生自己的速度来指导他们。简言之，手工训练打破了教室的常规，引入了多样化的成就，取代了统一的成就。这个原则从幼儿园到专业学院都适用。在医学教学中，这一点尤为明显。在过去 25 年里，这一原则在医学教学中的应用得如此成功，以至于可以说，在这一时期，美国整个医学教学方法都发生了革命性的变化。现在人们普遍认为，通过一般性的描述，或者通过让许多人同时看到的图表、图片或幻灯片等，不可能同时向大量的人教授医学和手术。这并不是说图解讲座和一般演示完全没有用，只说明它们处于次要地位。真正重要的是在允许学生自己观察和触摸的情况下进行个别、单独指导，然后让他们自己做记录并得出自己的推论。最后，大学教学的最高类型，即所谓的研讨会或会议方法就是特别强调个别指导。

很难说从小学到大学哪个教育阶段的个性化教学最为重要。事实是，这个原则在整个教育过程中都同样适用。对于大学校长、中小学校长和幼儿园教师来说，这都应该是教育政策的稳定目标和中心原则。谁理解了任何一个年级的这一原则及其应用，也就理解了所有年级的这一原则及其应用。

2. 请允许我谈谈所有有价值的教育不可或缺的六个要素，这些要素在我看来，是教育过程中自始至终、每年每个阶段都不可或缺的一部分，并请允许我请你们特别考虑这些要素中哪些属于中小学但不属于大学，或者哪些属于大学但不属于中小学。

第一个要素是对感官器官的精心训练，我们通过感官器官与包括所有无生命和有生命创物、所有人类遗迹和记录在内的外部世界进行不断且无限多样化的交流。通过精确观察的大门，我们可以获得各种知识和经验。小孩子必须学会精确观察字母的形状，准确听到单词和短语的声音，并通过触摸来区分干湿、冷热、光滑和粗糙。感官器官不仅仅用于科学目的，所有用于实际目的的普通知识都通过它们获得，语言也是如此，包括语言所蕴含和使之成为可能的一切。第二个要素是将不同的感觉或联系进行分组和比较，以及从这样的比较中推导出结论，这种实践在每个知识领域都是不可或缺的。第三个要素是训练对观察、比较或分组的记录。显然，这种记录可以在记忆中或以书面形式进行，但在所有有效的教育中，都必须有制作准确记录的实践。第四个要素是记忆力的训练，或者说是在脑海中保持观察、分组和比较记录的实践。第五个要素是表达能力的训练——清晰、简洁的阐述，以及论证，或逻辑推理过程的阐述，这种对推理过程逻辑发展的训练几乎是教育的终极目标。第六个也是一个必不可少的要素，那就是通过人类得以提升和升华的至高无上的理想——美、荣誉、责任和爱来进行不断的灌输。

我相信这六个要素是最高层次的教育所必不可少的：我们必须学会直截了当地看问题，进行比较和推断，做准确的记录，识记，精确地表达我们的思想，并坚持崇高的理想。我描述的这些均是独立的过程，在脑海中往往发生得非常迅速，以至于它们，或其中的一些，在我们看来似乎是同时发生的。因此，有智慧的对话涉及观察、比较、记录、记忆和表达，这一切都在一瞬间完成。如果这些是教育的要素，那么教育不就是一个从开始到结束都具有同一性质的连续过程吗？这六个要素不是应该从最早的童年到成年都同时且不断地发展吗？教育各阶段的目标和基本方法本质上应该是相同的，因为教育的基本要素在所有阶段都是相同的。文法学校的学生和高中学生都在努力做同样的事情，尽管他们的能力还没有那么发达。高中生有着大学生所感受到的同样的智力需求。心智的发展可以与植物的发展相比较，它同时且连续地通过所有部分进行，没有中断或突变。如果在任何阶段似乎有突然的发芽或开花，这种突然性只是表面的。叶子和花朵已经准备了很长时间，在此之前它们都被包裹在去年的芽里。自始至终，教师最重要的职责就是让学生准确地思考，并精确有力地表达他们的思想。在这方面，小学教师的职责在本质上与法律、医学、神学或工程学教师的职责并无不同。

3. 在过去25年中，教育方法发生了相当大的变化，这一变化是由普遍认可的一个原则所决定的，即行动中的有效力量是教育的真正目的，而不是积累信息，或是接受、辨别或批判的能力培养。无论是在学校还是大学，我们都不再满足于传授各种有用和装饰性的信息，或培养文学或艺术方面的审美品位或批判能力。我们也不满足于仅仅增加学生的智力或情感享受能力。我们当然追求所有这些美好的事物，但它们不再是我们的主要目标。如今，教育的主要目的是赋予学生一种能力，使他能够做各种各样的事情，这些事情是没有受过教育的人无法做到的。如果一种教育没有使学生具备运用理论、将所学付诸实践以及为个人生产目的而使用其受过训练的能力，那么这种教育就偏离了它的主要目标。这一原则影响的一个简单例子是，广泛采用快速阅读外语作为适合大学入学的适当测试。另一个类似的例子是在几何考试中使用试卷，其中包含大量在普通手册中没有明确出现的问题，但这些问题可以通过简单应用这些手册中阐述的几何原理来回答或解决。这些都是对获得能力的测试。我们认为，让化学专业的学生对一种未知的物质给予分析来作为他的测试是合理的。他能发现这是什么吗？他能证明他的发现是正确的吗？换句话说，他能将自己的信息和知识方法应用到对他来说完全未知的问题上吗？他不仅获得了信息，还获得了能力吗？自然科学领域为这种获取能力的训练提供了可能，而这也是现代教育的主要目标。医学生之所以能在医学或外科领域出类拔萃，不是因为他听说过什么，或者看到过别人做过什么，而是因为他能够用自己的眼睛、双手以及自己的比较和判断能力来做什么。赋予个人在责任下行动的能力是所有医学教育的首要目标。然而，这一原则同样适用于小学和专业学院。教育应该始终是一种获取能力的过程。其根本目的是培养一种能够承担重任、承受压力、经受住最艰苦劳动的精神和道德素质。

4. 我认为，在 5 岁~25 岁的整个教育过程中，有 2/3 的时间都适用的下一个教育原则是"学习选择"原则。在孩子受教育的头三四年里，也就是说从五六岁到 9 岁，不可能有那么多同等重要和必要的科目供孩子学习，但孩子可以在一定程度上学习所有这些科目。到了 9 岁或 10 岁左右，需要孩子关注的科目会比他能投入时间学习的科目要多，因此就出现了选择学习的必要性。随着孩子从小学升入中学，再从中学升入大学，可供选择的科目数量和种类将迅速增加，直到在大学的文理学院，他会发现自己无法尝试学习所提供课程的二十分之一。十人委员会报告中的表一和表二充分证明了在中学甚至在小学高年级中，选择学习科目的绝对必要性。谁来进行选择？这实际上是唯一的实际问题。一旦我们采纳了这样的原则，即除非一门课程能够深入学习到足以获得其所能提供的训练，否则就绝不涉足，那么我们就将学习科目的选择或选修视为一种必要。这一原则现在已被所有名副其实的大学和学院以及大部分重点高中、专科学校、捐赠学校和私立学校所采纳，但在这些中学里，这一原则通常更多地应用于科目组合而非单一科目。结果是选择原则的应用并不完美，但这仍远胜于任何单一统一规定的课程。最后，近几年来，这一原则已经渗透到中学或文法学校，并在该教育阶段获得了广泛的认可。

学校生活中对课程多样性必然存在限制，这并不是对该原则的反对，也没有在大学生活和中学生活之间确立显著的区别。学校课程应始终合理涵盖四个主要知识领域——语言、历史、自然科学和数学，但这并不意味着每个 14 岁以下的孩子都必须以相同的比例和程度学习相同的内容。相反，在确保对不同类型知识和心智活动的表征得以实现之后，应当为不同孩子的不同兴趣、能力和进步速率提供尽可能充分的条件。此外，在教育的早期阶段确保语言、历史、科学和数学等方面的特性，其主要目的是为教师提供契机去发掘每个学生的能力和潜力。然而，就这些特殊限制而言，学校教学与大学教学之间并无区别的依据，因为若我们转向教育的最终阶段，即专业培训，就会发现选择原则存在严重的局限性，这种局限性是由必须为所有年轻的律师、医生、牧师、教师、工程师、生物学家或化学家提供每个上述专业未来成员绝对需要的大量严格的专业信息和实践所施加的。同样，出于相同的原因，科学或技术类院校目前必须采用分组制度，而非自由选课制度。它们必须使当下的教学适应当前的专业需求。选课或选修原则最自由的领域介于 13 岁~23 岁，涵盖五六年的中学生活以及整个大学时光。中学和大学均应为此自由领域感到欣喜。

5. 教育改革的下一条规则适用于文明社会提供的长期教育过程的每一个阶段，它与所谓的纪律有关。在我记忆的范围内，中小学和大学的管教方法都极其简单，因为它主要依赖于两个因素：首先是高度激烈的竞争；其次是对惩罚的恐惧。人们没有清楚地认识到，立即的、不断的和激烈的竞争并不利于培养在独处或社交中都能保持的独立意志和良好性格，而且，在教育中，对惩罚的恐惧应该是最后的手段。如今，一个公认的信条是，童年时期的管教不应与青春期的管教有太大差异，以免在成长过程中的任何一个节点突然停滞并重新开始。一种随着孩子长大必然要被摒弃的管教方法，在孩子年幼时也并不是最恰当的方法，原因在于教育中动机的发展和培养应当是连续且逐步推进的，而不应是断裂和脱节的。这就是反对鞭打身体或其他暴力手段，以及所有依赖疼痛恐惧或人为惩罚或剥夺的方法的原因之一。总会有一个年龄阶段，这些方法不再适用。到了18岁，就不再有类似于鞭打的管教方法，也不再有诸如剥夺黄油、糖果、晚餐、娱乐的手段，不再有强制背诵诗歌、抄写拉丁语或英语书页的做法。如果一直到18岁都依赖这类动机，那么就需要一整套全新的动机了。出于这些原因以及其他原因，明智的教师和家长一样，如果能避免的话，他们不会在儿童时期就依赖一套他们知道在教育结束之前很长一段时间就不可避免地停止起作用的动机。最好是从教育开始到结束都应该依赖永久的动机，原因很简单，因为习惯的形成是教育的重要组成部分，而在习惯的形成过程中，不可避免地会涉及那些导致习惯性意志反复出现的情绪、情感和激情。贯穿一生的永久动机包括谨慎、小心、竞争、渴望得到认可（特别是来自受尊敬或喜爱的人的认可）、羞耻、自豪、自尊、发现、活动或成就的乐趣，对美、力量、优雅和壮丽的喜悦，以及对权力和财产的喜爱，因为财产赋予权力。这些动机中的任何一个都可能过度发展，但适度的话，它们都是好的，从婴儿期到老年期都适用。

从小学到大学，为了决定意志和调节行为，应该始终依赖相同的动机。随着孩子天性的不断发展和习惯的日益稳固，这些动机自然会越来越强烈。因此，应该始终依赖这些持久的动机。显然，在管理这一重要教育改革原则方面，管理大学的人和管理中小学的人之间没有区别。两者的方法应该是一致的。无论是大学教师还是中小学教师，如果不通过学生的理性、对观察、实验、比较和论证的自然兴趣，以及导致正确行为的永久动机来指导和管理学生，那就与当代最人道、最有希望的教育改革背道而驰。现在，所有配得上教师称号的人都认识到，自制力是青年训练的最终道德目标——这种自制力独立于暂时的、人为的约束、排斥或压力，也不受支配者身体存在的影响。从婴儿期到完全成熟期，培养年轻人的这种自制力应该是家长和教师不变的目标。

6. 我要请大家注意的下一个教育建设原则，同样适用于教育的方方面面。这就是教学的专业化。人们很容易想象，这一原则在大学里已经得到了充分的应用，今后只需要在中小学中应用即可。但事实是，教学专业化仍在大学中进行，而且在美国的大学和专业学院中，这一原则还需要比现在更广泛地推广。奥利弗·温德尔·霍姆斯博士直到 1871 年一直是哈佛大学的解剖学和生理学教授。除了这两门庞大的学科外，他还教授了组织学和病理学的部分内容。他形容自己坐的不是椅子，而是一张长沙发。哈佛大学的那个教授职位，曾先后由乔治·蒂克纳、亨利·沃兹沃思·朗费罗以及詹姆斯·拉塞尔·洛威尔担任，此乃法语和西班牙语及文学的史密斯教授承担的职务。在众多美国学院中，我们现今发现同一位教授讲授逻辑学、形而上学、伦理学以及政治经济学。的确，在哈佛大学的学院中，这种状况一直持续到 1871 年，只不过从 1860 年起，道德哲学和基督教伦理学从阿尔福德教授的职责中剥离了出来。美国学院的教学专业化进程远未完结。当下，美国中学的教学专业化水平比八十年前的美国学院要高，而在美国的文法学校或各年级中，这一进程才刚刚开启，此处通常将其称为部门组织。从这一原则在美国学校的推广程度来看，尤其是对于教师而言，可以期待在未来十年大有可为。在不同阶段向学生教授同一门学科，根据学生不同的年龄和能力调适教学，观察其发展，并在充分考虑个体差异的情况下引领他们在四五年内持续进步，这赋予了教师职能无尽的趣味。对于教师自身而言，精通一门学科，从而能够进行初级和高级教学，是智力发展与成长的深厚源泉。对他而言，真正的学术研究成为可能。同时，一生之中智力也能不断进步拓展。因为只有不断进取的学者多年来才能始终精通哪怕一门学科。在您看来，期望中小学或文法学校的教师精通一门学科是不是一种不合理的期望呢？在我看来，仔细观察便会发现，杰出的教师，无论男女，已经具备这种精通的能力，而剩下要做的就是让这种例外成为常态。为实现这一巨大改进，有两项重要措施，即提升师范院校的水平，以及在学院和大学中创建或加强教育系。无论如何，毫无疑问，这种教学专业化是任何国家教育体系自始至终的普遍需求，而且能够无限地提升教师生活的尊严、乐趣和价值。显然，这种普遍需求和愿望应当将各级教育联合起来而非使其分裂，应当促成合作而非引发纷争。

7. 关于教育组织，有一项基本政策应当得到所有教师的支持，无论是学校教师还是大学教师。这项政策就是，教育组织中的行政管理人员应当是专家，而非业余人士或来自其他行业的外行人，并且教师在中小学和大学的管理中应当拥有重要的咨询职能。美国的学院和大学在这方面比美国的中小学组织得更好。越来越多的高等教育机构的负责人是本身具有教育经验或其他行政服务经验的人。通常，学院的校长一职不再由那些在教会中任职、年事已高且没有教学经验的人担任。组成大学的各个特色学院的院长通常是在各自部门有经验的人。学院和大学的教职委员会行使很大的权力，这些委员总是由更长期任职的教师担任。此外，在大型学院和大学中，某一特定学科的所有教师经常被组织成一个被称为系或部门的团体，从他们中间选出一位明智且杰出的教师担任主席。这些或类似的安排需要在整个大型城市学校系统中被采用，学监应该是有能力得到证明的教育专家。他们的助手，无论是被称为督学、检查员还是助理学监，都应该组织成一个理事会或教职委员会。同一个系统内的所有教师都应该以这样一种方式联合起来，即通过他们的代表，他们能够将自己的意见传达给学监及其委员会，或者在最后的手段中，传达给对该系统拥有最高控制权的委员会或董事会。同一学科的教师也应当组织起来，以便相互协商和支持。应当让整个体系中该学科最优秀的教师担任负责人，以便其影响力能通过该学科的教学贯穿整个体系。此外，学院和中小学校在教师任期方面需要趋于一致。经过适当的试用期后，每位教师的任期应当取决于其良好的品行和工作效率。

总的来说，学院与中小学之间的组织差异正在逐渐缩小，受捐赠的学校和学院的组织架构非常相似。而且，最近城市学校系统运作方式的所有变化都趋向于我所描述的良好方向。有些人倾向于将公立学校系统的规模与学院和大学的规模进行比较，但规模并不是衡量复杂性的标准。一所大学比最大的城市学校系统要复杂得多，而且大学管理的技术方法也比任何学校系统的技术方法更加多样化和复杂化。然而，无论规模或数量如何，学院和中小学校都在朝着同一个方向进行行政改革：第一，在宪法规定的限制下实现专家管理；第二，制定稳定的任职期限；第三，教师拥有更大的官方影响力。

现在回顾一下我们讨论过的主要内容，即教学的个性化、教育的六个基本要素、行动能力是教育的真正目的、学习的选择或选修、呼吁以永久性而非临时性的动机来控制行为、教学的专业化以及教育组织的正确原则，难道我们看不出教育改革和建设的原则与方法对所有教师都具有共同的利益吗？无论他们是与学院、中学还是小学有关联。而且，我们难道不应该认为，试图让任何年级的教师对十人委员会及其组织的会议的建议产生偏见是不符合逻辑的吗？这种偏见的理由是，参与制定这些建议的人员中，略占多数的人与学院有关联，而且学院或大学官员对于学校事务的意见价值不大。

显而易见的事实是，在所有目前人为划分的教育阶段中，教师之间存在着共同的兴趣和目标。当前各地所取得的进步具有同时性和相似性，这鲜明地说明了在每个阶段支配改革和改进的原则是相同的。小学、中学和大学都感受到了相似的动力，并对他们以前的方法进行了类似的修改。我可以根据个人的观察证明，大学最近进行的一些行政改革与另一极端的改革惊人地相似，即幼儿园的改革。值得注意的是，在学校行政方面进行的某些机械性或业务性的变革，即使这些变革被认为与教育哲学或新的教学方法无关，也促进了真正的教育改革。例如，在乡镇地区，政府出资将儿童送到中心文法学校，或在大城镇的高中就读，这明显促进了分科教学和选修教学的实施。同样，城镇为学生购买和免费发放书籍，而不是课本，促进了良好文学作品的使用，这是通过提高人们对母语和文学的兴趣和热爱，为提高母语和文学教学做出的重要贡献。同样，哈佛大学的学院和其他许多学院设立了系级图书馆，即在同一学科中存放小型工作藏书，学生可以随时查阅，这使得哈佛大学和其他许多学院的教学取得了巨大的进步。

十人委员会在他们的报告中宣称，"以目前的小学科目和方法为基础，制定一个为期四年的令人满意的中学课程是不可能的"。鉴于小学科目和方法正在发生的快速变化，这一声明意味着该委员会关于他们推荐的四个中学课程计划的工作只有暂时的意义。该报告的表一、表二和表三具有一些永久价值。但包含古典学、拉丁科学语言、现代语言和英语这四个课程计划的表四，该委员会为此付出了大量劳动，但随着小学和中学在未来十年内可能轻易实现的改进，它肯定会变得毫无用处。表四包含了一些坚定而持久的原则，但这些课程计划本身只是临时的权宜之计。

如果让我指出十人委员会对美国教育进步所做出的最大贡献，我认为他们的工作方法，即按教学科目进行调查和讨论的方法是最好的部分。来自各种学院、大学和各类公立、私立及捐赠学校的教师和专家都参与了调查和讨论。委员会的工作方法所强调的各级之间的共同利益，以及每一级的经验对其他各级的建议和咨询都是宝贵的。

在我看来，目前小学与中学之间，或文法学校与高中之间的人为且随意的区分，没有哲学基础，即便不会完全消失，也很可能会被深刻修改。同样，尽管人文教育与技术或专业教育之间的区别肯定会持续下去，但我相信学院工作与大学工作之间的正式区别可能会消失。我至今还没有在任何学院或大学看到过一种教学方法不适合小学或中学。那些机敏、鼓舞人心、令人信服、有权威的教师在中小学和大学中都是同样难得和令人钦佩的。当然，大学工作有一个重要的组成部分是中小学和学院无法参与的，那就是原创性研究。尽管这一要求非常重要，并且构成了大学工作相当大的一部分，但在所有大型大学中，特别是在那些非常重视专业训练的大学中，仍然存在着大量的纯粹的规范性工作，所有这些工作都是或应该是按照整个教育过程中的原则和方法进行的。在如何最好地教授某一学科的问题上，该学科的学院或科研院校的教师很有可能能够协助中小学教师，而中小学教师也能够为学院教师提供帮助，重要的是双方都应当知晓对方的所为。我还留意到，即便双方都不准备贸然给出肯定性的建议，每一方也都告知对方哪些事不应做，这种否定的建议往往非常有效。

总的来说，我认为十人委员会的报告中最具实用前景的意义在于它明显倾向于促进中小学教师和其他所有对教育有深刻理解的人士之间的合作，以推动明确而全面的教育改革。

未来的医学教育

1896 年 2 月 1 日

未来的医学教育

　　我将毫不犹豫地请您注意一些值得思考的因素，这些因素表明，今后医生的教育应该比过去或现在更加彻底和广泛，特别是初步培训应该更早开始，更加充实。由于许多受过教育但不是医生的人的帮助对于实现必要的教育改革是必不可少的，因此，我请求允许在这次演讲中不仅考虑到这些专业听众，还考虑到非专业人群，我们需要他们的同情和帮助。您会看到，正是出于这个目的，我将在这次演讲中提到许多医学界人士已经熟知的情况。

　　在座的各位年长者的一生中，医学教育取得了巨大的进步，也许我的一些听众会认为，已经发生的变革足以让我们对当前的成就感到满意，并满足于已有的荣誉。但我想从过去25年的进步中得出另一个启示，即我们已经取得的巨大进步应该激励我们满怀希望地努力争取更多必要的改进。作为对进一步努力的激励，我将简要对比一下如今和30年前医学教育的状况，只提及大致的典型事实，不涉及当时的细节。30年前，医学院没有入学要求。为了获得入学资格，年轻人只需注册姓名并支付费用。因此，很大比例的医学生在年轻时接受的初步训练非常有限。成百上千的年轻人加

---

❶ 本文是 1896 年 1 月 28 日在纽约州医学会上的致辞，并发表于 1896 年 2 月 1 日出版的《美国医学外科通讯》杂志。

入了美国的医学院，他们几乎不会读写，除了运动和维持生计的劳动外，他们的观察能力和推理能力几乎没有得到锻炼。在最好的医学院里，获得医学博士学位所需的在校学习时间总计不超过三个冬季学期，每个学期四个月；而有些被认为不错的学校甚至更短。教学的主要方式是讲座、在被称为"剧院"的大房间里进行的手术演示、在监管不足的简陋解剖室里学习以及成群结队进行临床实习。这些讲座年复一年地重复进行，几乎没有变化，而且也没有为学生制定连续三年冬季学期的分级课程。毕业考试通常是口试，而且非常简短。至少在哈佛大学，只要通过九门科目中的大多数，每个学生都能获得学位，而这九门科目中的每一门实际上都是必不可少的。在这种体系下，一些年轻人可能会获得医学博士学位，但他们从未接受过任何学术训练，而且在获得学位时，他们对九门基础医学课程中的四门一无所知。因此，大多数年轻的医生都是缺乏文化修养的人，他们的医学和外科知识有限，只有少量的临床观察机会，医院里的实践经验也很少。多年来，在这样的教育中竟然能够培养出如此大比例的技术精湛、仁慈善良且成就斐然的医生，这充分说明了医学实践的教育力量。我们在此证明，与一种过于常见的观点相反，医学研究对于一个智力普通且认真负责的人来说，它是一种磨砺、发展和提升的过程。然而，这些良好的影响是精心策划、系统性教育的职责，应该在青年时期、在开始实践之前就予以提供。

我所说的那个时期的医学教育费用，大约是支付给医学院的 350 美元，此外还要加上学生大约一年的食宿费用。在原本应该用于医学训练的三年中的其他两年里，学生通常能够自己挣些钱来养活自己，或者至少他在食宿费用方面处于有利地位。目前的情况大不相同。在哈佛医学院，获得学位的费用现在大约是 835 美元，此外还要加上实验室费用。学生必须在学校学习整整四年，夏季三个月除外，其间，他可以享受假期，或者赚些钱来养活自己，除非他选择参加为他提供的多门暑期课程。因此，他需要支付 36 个月食宿费用，而不是 12 个月。学生入学时必须通过考试，虽然这个考试不能与哈佛大学的入学考试相提并论，但它证明了学生已经在中学接受过一些训练。因此，哈佛医学院的学生必须在早年有相应的教育基础，尽管这方面的标准仍然太低。学生必须通过学校教授的所有规定科目以及少数选修科目的考试，成绩令人满意后才能毕业。教学科目被安排在一个精心设计的分级课程中，该课程使学生在四年中的每一年里都有条不紊、合乎逻辑地前进。此外，教学方法也发生了根本性的变化。三十年前，哈佛医学院只有两个实验室，一个是解剖室，里面的环境和设备不仅粗陋且卫生条件差，另一个是小型化学实验室，除了少数学生自愿要求进行一些化学实验的培训外，无人被要求开展工作。在我们现在的医学院里，多种类型的实验室工作需要学生投入大量的精力。在解剖学、医学化学、生理学、组织学、胚胎学、病理学和细菌学实验室中，有些工作是规定要做的，还有很多工作是学生自愿做的。此外，在临床教学中，变化也很大。以前，一大群学生跟着巡诊医生在医院里查房，在极为不利的条件下尽其所能地进行观察。如今，在许多临床科室，教学已完全个体化，教师每次只与一名学生交流，亲自向其展示在各类困难的观察和操作中如何自行去看、去听、去触摸。大量教学是针对小组学生开展的，每次三到四名，人数不超过能够切实自行观察和操作的限度。我所描述的四年制培训课程在感官和理性方面都具有很高的训练能力。旧的医学教学主要是阐述性的，它远距离地提供了关于目前无法接触或看到的事物和过程的信息。新的医学教育旨在传授手工和观察能力，并通过长时间近距离地对事实进行调查研究，培养密切关注的心理能力，以及根据证据进行合理推理的能力。这些有益的变革在在座最年轻者的有生之年里得以实现，既未给社会带来冲击，也未给医学院或任何其他类别的教育机构造成任何严重损失。

事实上，医学院在各方面都从我所描述的变化中获益，从长远来看，考虑到其学生来源的自然差异，进步最大的学校获得了最大比例的收益。因此，如果在本次演讲中，于诸位看来我对下一代的要求颇高，那我可以满怀信心地以不久前的过往为凭，为对未来的殷切期望提供正当理由。

接下来，我将描述并举例说明，自内战以来医学科学和技艺方面的许多进步，对医学生和从业者提出了新要求。战前，显微镜、听诊器、眼底镜和喉镜已经在使用，使某些疾病的诊断更具准确性和确定性。但在刚刚过去的30年里，医学诊断手段在许多方面得到了扩展和延伸，其中一些新的手段依赖于两代人以前的医学教育中几乎未曾涉及的科学知识，以及目前只有医学界的一小部分人掌握的手工和观察能力。要彻底理解和有效利用这些新的手段，就需要广泛获取知识，并在精细准确的操作和细致入微的观察方面进行大量实践。为了让非专业人士和专业人士都能理解这些新需求对医学深造学生的重要性，我将尽可能简要地介绍一些相对较新的诊断工具。（1）记录式体温计，普遍使用还不到30年，在许多疾病中，它能以并发症所不具备的确定性给出明确的危险警告。伤寒热中的体温日变化为这种疾病的诊断提供了一种几乎确定的方法。我的许多听众都记得这种宝贵的仪器最初被普遍用于临床医疗。（2）尿液检查采用了新的形式，并且在速度和准确性方面有了很大改进。不仅可以准确检测尿液中的糖分、白蛋白和管型，并估算其数量，还可以观察尿液中胆汁物质的存在，以及在内脏器官发生破坏性变化时血液物质的存在。化学和显微镜学的结合使得这些检测更加准确和可靠。（3）血液显微镜检查是一种极具价值的全新诊断手段。我们现在可以自信地说，没有血液寄生虫就没有疟疾，而且完全有理由希望，对血细胞的显微镜研究不仅可以对这些长期被模糊地称为"疟疾"的神秘而广泛传播的疾病进行准确诊断，而且可以改善对这些疾病的治疗。血液中白细胞数量的增加也提供了有价值的诊断指标。

（4）恶性肿瘤与非恶性肿瘤的显微镜下鉴别诊断是显微诊断领域的另一项重要成果。只是最近，显微镜学家才站在手术医生的旁边，告诉他刀刃附近的组织是正常还是异常，是安全还是危险，可以留下还是必须切除。只是最近，显微镜才证明，很大一部分皮肤病绝对是由寄生性生长引起的，因此可以依赖特定的寄生性生长来进行诊断。仅仅是在近几年，细菌学实验室以及用于为接种实验所饲养动物的设施，才被认为是对皮肤病病房有用的附属部分。（5）我们要归功于细菌学，它为医学诊断带来了最大的改进。这是一门新兴的科学技术，以至于我的大多数听众在接受医学教育时，此学科还根本未被纳入医学院的课程。我几乎无法提及细菌学对医学技术的杰出贡献。它已经提供了确定白喉存在的可靠方法，以及治疗这种可怕疾病的极其成功的模式；它已确诊霍乱，并有望成功治疗这种瘟疫；它分离出了破伤风杆菌，这种疾病长期以来一直是医学科学的耻辱，并指出了有希望的治疗方法；它发现了结核杆菌，为与人接触的家畜提供了结核病的可靠检测方法，尽管尚未能成功治疗人类的结核病，但教会了我们很多关于疾病传播方面的知识；已经取得的这些发现指明了一般的研究方法，这些方法将在不远的将来推动普通疫苗接种、猩红热、丹毒和伤寒热的诊断与治疗方面的巨大改进；它还极大地改善了我们在鉴别有害和无害水源及奶源方面的手段。细菌学对医学艺术的贡献之所以更加显著，是因为其方法和过程仍笼罩在许多神秘之中，这种神秘让我们期待新科学在逐步驱散其笼罩的迷雾之后会有更大的发展。顺便提一下，细菌学本身的存在要归功于最近的一些令人钦佩的发明，这些发明与生物学毫无关系，即改进的浸没透镜和巧妙的染色方法，这些发明使细菌学成为可能。

在这些新的诊断方法中广泛使用的知识领域——物理学、医学化学、正常和病理组织学、细菌学，以及精确化学、物理和显微观察及操作所需的各种技能，每位医生和外科医生都应该在年轻时（在他们开始严格的医学教育之前）就接受这些辅助科学技术的训练，并使自己能够执行这些新诊断方法所涉及的操作，了解这些方法的现状，以及理解和掌握每个十年肯定会带来的新发现。不知道如何利用这些重大发现的内科医生或外科医生，充其量也只能依赖那些懂得利用的人。

在诊断之后，在许多情况下，医生会进行艰苦的探究，以了解疾病的根源或起因，这项工作有时是为了病人的利益，但更多时候是为了其家庭或社区的利益。在过去三十年里，这种寻找变得更为可行。病理探索让我们了解了几种重要疾病的大致病因，也因此让我们知道该从何处探寻其源头，尽管事实上，细菌学中的纯培养物在人类实际生存环境中并非以如此简单孤立的形式出现。我们对通过饮用水、冰块和牛奶传播疾病的情况有了更多的了解。我们比以往任何时候都更清楚地理解了某些动物疾病与人的疾病之间的密切联系。我们对猩红热长期存在的鳞屑、肺结核病人的痰液、伤寒病人的粪便以及其他病人的排泄物都保持警惕。然而，似乎很少有医生能够追查到例如伤寒流行，或者猩红热或白喉暴发的源头。在美国和英国，我都听说这种能力在医生中是罕见的，以至于卫生当局不得不培训专门人员来提供此类服务。似乎每个医生在这方面都应当成为社区的守护者，能够在接到通知的瞬间提供最迅速和最有效的服务。然而，要具备这种服务能力意味着要彻底熟悉预防医学的最新发展，以及化学、物理学和生物学领域的最新研究方法。这类职责有时被称为超专业的，但这样的表述似乎将医疗从业者限制在减轻或治疗疾病上，而没有认识到他们在预防疾病方面更重要的功能。医生的下一个职责是要仔细关注病人的周围环境，以便消除所有妨碍自然恢复过程的障碍。我们比前人更清楚地了解了这些障碍的性质，以及有利环境的性质。我们知道，每一个有利于健康的外部条件都有助于病人康复，而每一个不利条件都会对其造成阻碍。病人比健康人更需要清新的空气、适宜的食物和极度的清洁。然而，在保持任何病人的居住环境（尤其是那些布满积尘的装饰、帷幔、装潢家具、厚地毯和精美小摆件的豪华住宅）或穷人肮脏拥挤的住所（往往建在排水不畅、有害健康且廉价的土地上）的卫生条件方面，需要多少知识、观察和判断啊！在过去的三十年里，人们对药物的信任大大减少了，对有利环境的依赖却大大增加了。创造有利条件比用药要困难得多，它不仅需要更多的知识，还需要更敏锐的洞察力，以及高度的说服力和权威性。医生若想让患者尽可能成功抵御疾病，就必须考虑患者房间和病床的通风状况，患者所饮水和所饮牛奶的来源，以及对与患者接触的物体或患者排泄物进行消毒。他还必须安排好光线和空气的进入，确定患者应暴露在何种温度之下。在所有这些方面，迷信和缺乏逻辑的行事方法世代盛行，医生往往既要保护患者免受人为不利环境的影响，又要对患者的亲属和护士进行有说服力的指导。医生的护理工作不仅要在需要时提供隔离，还要确保充分的消毒，如果病情不利，还要对因传染病而死的尸体进行妥善处理。医生的一项持续职责是教导人们对传染病及其患者所承担的责任有正确的认识。近年来，护理工作比以往受到了更多的关注，这是人们对患者周围环境重要性认识提高的自然结果。剑桥医院的校训："人治，神愈"，简洁地表达了现代人对环境重要性的认识。

过去 30 年来，在治疗新方法方面取得的成果不如在诊断和护理环境新方法方面取得的成果丰硕。它们主要的显著特点是，依照无菌的一般原则，对医疗和外科手术实践进行了重大修改。正是这一原则，每年都有实践得到越来越广泛的应用，使得术后恢复取得了巨大的进展，并成功地介入医学领域。这从根本上说是一种彻底清洁的教义，但手术清洁是对这一原则的极端应用。在日常生活中，我们不能总是用高锰酸钾洗手，然后再用草酸洗手。但我们都能认识到我们个人、住所、交通工具、办公室、商店和工厂的卫生价值，我们现在都能看到几千年来被人类推崇的一些做法的科学依据，比如饭前洗手。在腹部手术取得一系列成就之后，无菌手术在产科领域也取得了最非凡的胜利。分娩的危险性在过去十五年里已经显著降低，降到了仅有原来的很小一部分。我们还几乎没有意识到，将发现和发明结合起来，使无菌术成为可能，这一结果给人类带来了巨大的益处。一家产科医院的死亡率从33%降低到0.33%，这仅是这些发现带来的有益结果的一个模糊写照。然而，很明显，彻底了解并在产科病例中实践无菌术的医生，不仅比50年前否认产褥热具有传染性的前辈更有知识，而且技能也更强。他必须是一位精通实践和操作的专家，而这些是1860年的产科医生从未想过的。

无菌手术的一个影响是，不少疾病的治疗费用比以前昂贵得多。因此，个人在医疗和手术方面的支出不可避免地增加，医院病人平均每周的费用也显著增加。以前，腹痛可以由医生以经济的方式治疗，但现在往往由外科医生进行昂贵的手术，并由护理费用昂贵的护士照顾数周。当然，这确实挽救了大量生命，但代价是不可避免的，因为需要高度熟练的劳动力。对于普通医生来说，学会何时请外科医生或其他专家会诊是一项不小的成就，而这种敏锐观察和正确判断的特殊实践方式则是相对较新的。我们还没有达到这种以手术治疗代替药物治疗的极限。我们可以预见，手术刀将安全有效地穿透人体许多部位，而这些部位是普通外科医生仍然不敢接触的，例如，肺甚至心脏。我还记得，就在25年前，我曾在波士顿听过当时最著名的外科医生激动地表示，在他看来，尝试卵巢切除术是完全不合理的。我们看到，医学和外科的新方法不仅要求从业者具备更多的知识和技能，还要求他们具备更多的洞察力和敏锐性，这些素质的发展既需要天赋，也需要精心培养。

我已经说过，对药物的依赖已经大大减少。但在我们所考察的这段时期里，治疗剂的数量和种类大大增加，人们对这些多种多样的物质的疗效进行了积极的试验。今天的医生被许多新奇的药物所吸引，这些药物在形式和味道上都很有吸引力，并且被一些在自己身上试过这些药物、头脑简单的人热情推荐，也经常被一些喜欢新事物的美国医生推荐。这些治疗新方法的多样性要求医生具有辨别力和理性，坚持对新药物疗效的真实证明。30年前的医生可能只需要一次这样的辨别力，而今天的医生则需要一百次。

预防医学的进步给医生带来了新的职责，履行这些职责需要高度的训练有素的智力。他们是社区中唯一能够彻底理解和解释预防医学既定原则和经过验证的做法的人，因此也是这些原则和实践的最有效的教师。家庭医生对健康的照顾应该比对疾病的治疗更为重要。他应该负责为健康家庭生活的方式和手段提供关于饮食、睡眠、新鲜空气、运动和保持安静与愉快的习惯的建议。医生必须指导社区采用新方法提供、检测和保存优质的公共水源。同时，他们也必须同样熟悉处理污水的正确方法，因为污水处理实际上是一个纯净水供应问题。他们必须了解如何通过过滤、曝气和稀释来恢复被污染水源的安全状态。在家庭中，关于任何给定水源的安全性，医生的判断应该是最终的，而且这一判断应该建立在对该主题的全面了解以及所有相关的当地信息之上。医生还应该了解通风的一般原则和公认的最佳做法，因为通风不仅是促进健康的一种手段，也是通过稀释来抵御传染病和其他有害影响的一种防御手段。现在，无论是在公共建筑还是私人建筑中，通风本身都是一个非常困难的问题，而且只是最近才在实践中得到发展。随着我们建筑机械结构的改进，建筑变得更加密闭，而随着取暖设备在利用热量与浪费热量的比例方面变得更经济，它们作为通风手段的价值就降低了。我们祖父家宽大的烟囱里熊熊燃烧的火焰产生了强大的气流，而安静但有效的煤炉则通风效果欠佳。人口越密集，通风对公共卫生就越重要。除了医生和外科医生，谁能教授人们在治疗传染病时如何进行消毒和保持清洁，或者让人们意识到需要将健康的孩子或成年人与患有肺结核或其他慢性传染病的人隔离开来？除了他们，谁还会反对在潮湿的地窖里堆满有机垃圾，反对糟糕的烹饪和糟糕的饮食选择，以及所有让房屋变得更加不卫生的各种室内装饰？还有谁能教导社区学校卫生知识，强调学校建筑内彻底清洁、有效通风、干净的厕所、洁净的书籍、充足光线和适合学生身形的家具？还有谁能教导没有经验的母亲，只有最细致的清洁才能防止奶瓶成为微生物的常规培养装置？

关于上述这些主题，都有无穷无尽的教学工作要做，而在许多社区中，医疗行业从业者是唯一的可用教师。为了有效地进行教学，该行业需要比现在更好地接受常规影响力方法的培训。也就是说，要更好地掌握有说服力的写作和演讲能力，并习惯性地运用那种应伴随公认的知识和公正无私而产生的权威。公众对于预防医学的未来缺乏足够的想象力。麻风病和天花已经得到了相当程度的控制，事实证明，霍乱和黄热病的传播也有可能被阻止。然而，公众对于征服其他每一种传染病并不感到急迫，而且往往不愿意提供摆脱这些灾难所需的必要手段。一些最明智的社区拒绝建立公共消毒站。细菌学实验室数量稀少，分布不均，但它们本应随处可见。纯净的水源减少了城市居民伤寒的发病率，农村居民由于无知，仍然不成比例地遭受这种可以预防的瘟疫的折磨。医学界的信念和希望应当唤醒公众摆脱这种昏睡状态，将其从这种具有破坏性的无知和怀疑中拯救出来，这种信念和希望却需要有力地表达出来。

根据马萨诸塞州和许多其他州的法律，医生肩负着一项重要职责，即他们可能随时被要求证明那些被提议送入精神病院的人患有精神疾病。马萨诸塞州第一部承认精神病是一种疾病、其诊断需要医学知识的法律，是在大约 50 年前，即 1844 年通过的。关于精神错乱和精神错乱患者的治疗，现行法律都是在较晚的时期制定的。由于精神错乱日益严重，医生越来越需要了解其复杂而难以捉摸的症状，以便能够光荣地承担起法律赋予他们的责任。对于所有有缺陷的群体——精神病人、罪犯、酒鬼、白痴、娼妓和贫民，必须由受过高等教育、富有同情心、具有公共精神的医生来指导明智的缓解方法和补救措施。经验表明，除非受到医生对其原因、来源、预防和补救措施知识的控制和指导，否则宗教或慈善热情无法有效应对这些可怕的社会邪恶。医学界正在介入历来属于教会的领域，并将需要医学知识和技能来完成这项工作，而这些是教会从未拥有过的，同时还需要教会经常要求的个人献身精神和忠诚的品质。

需要受过全面教育的医生来履行公共卫生职责。地方卫生委员会应当能够获得当地最优秀从业者的服务，并且此类服务应当由公众付费，因为指望以治疗病人为生的行业无偿劳动来预防疾病是不合理的。在卫生委员会任职的医生将与委员会的其他成员（律师、工程师、制造商和商人）建立亲密而有影响力的关系，并且通过这些成员多元化的委员会，对立法机构和公众施加比他们自身所能施加的更强有力的影响。国家医学有许多目标，它旨在不仅保护公共卫生，而且提高公共卫生水平。在国家医学中，个人主义是行不通的，因为个人无法保护自己。我们这个时代只有国家才能强制执行的社会合作，是促进疾病预防和迈向更好的平均健康状况和更长寿命所必需的。采取一切可能的预防措施来防止传染病的传播，只是公民应尽的义务。只有医学监督才能实现国家医学的目标，而且，没有比医生更有效的代理人能在社会各阶层中传播有教育意义的卫生意识。只有国家才能防止牛奶变质、水源污染、冰块不纯、药品掺假、肉类和水果变质，以及房屋肮脏和拥挤；只有国家才能强制隔离传染病患者，控制流行病，并排除诸如霍乱和黄热病这样的瘟疫。在行使这种控制时，国家需要化学、细菌学和比较病理学方面的医学专家提供的所有帮助。医学界本身几乎还没有认识到，进一步研究动物和人类疾病之间的联系（这些联系已经通过天花、牛瘟、人类和动物的结核病以及白喉等疾病得到证明）有着多么巨大的潜力。即使是国家（单一的国家或民族）也无法有效地解决如抑制霍乱或黄热病这样的问题，这是一个国际问题。由人类的社会性和群居性本能所引发的现代城市人口拥挤所带来的弊端，必须通过社会手段来补救，而社会为此所能发挥的最有效的力量，就是训练有素的高级医疗官员的影响力。每位医生都应是医学慈善家和传教士，热心传播公共卫生知识。因此，医学界不仅需要充分了解国家医学的历史和功能，还需要具备在这些问题上为国家服务所需的知识和道德力量。这些力量，特别是通过演讲和写作影响大量人口的能力是通过早期训练和实践中的指导获得的。

值得信赖的医生无论是在乡村还是在城市，都能深入了解社会的各个阶层。在城市里，他能在病人家中看到富裕阶层，也能在医院和诊所看到贫困阶层；在乡村，他会走访镇上的各类人群。经验丰富的医生熟悉贫困与苦难的成因，也同样熟悉缺乏精神与心灵修养的财富与安逸所带来的不良影响。他能够辨别社会常态与社会异变，并能准确无误地区分它们；在城市里，他深知拥挤的公寓和阴暗、通风不良的工作场所所导致的种种弊病；在乡村，他了解那些存放着腐烂果蔬的潮湿地窖、糟糕的烹饪方式以及在住宅附近地面上随意排放的生活污水；对于所有防范个人的贪婪、无知或粗心给社区带来身体危害的社会防御措施，对于城市或乡村大大小小医院的建设，对于培养称职的为医院服务或为家庭服务的护士，他都应该是最佳的顾问。医生应当是社会抵御仍在盛行的迷信和仍在猖獗的骗局的主要捍卫者。他所受的训练本质上是自然主义者的训练，因此他应当捍卫社区免受各种形式的非理性的侵害。如果医生具备所需的说服力，那么没有人能像他那样有效地保护社会免受那些不断抗议解剖、接种疫苗和活体解剖的不理智之人的侵害，因为没有人能像医生那样清楚地理解这些过程给人类带来的益处。

还有一个重要的议题，是医学界虽然偶尔会关注但并未达到预期的效果。我指的是对医疗实践的立法管控。只要诊断依赖于猜测、占卜，或者依赖于一种连预言者自己都无法确切说明的天生洞察力，那么缺乏旨在保护普通民众免受无知医生伤害的法律或许还有些借口。但如今诊断和预防的方法已经明确，国家就有理由要求每位从业者都知道如何运用这些方法。无知的医生之所以会使白喉和猩红热传播，仅仅是因为他无法识别这些病症。既然我们已经有了明确的诊断、治疗和预防手段，而只有教育才能让人掌握和运用这些手段，那么国家要求所有从业者接受足够的培训，这确实是公平的，也是势在必行的。在过去的二十年里，在这个问题上已经取得了一些进展，但仍有许多工作要做。

最后，医生需要接受全面的教育，这样他才能在公众的评价中与其他接受了长期且严格的预备培训的专业人士平起平坐。社会权力和地位伴随着公认的修养而来，而公众的信任会被给予那些追求真理的人，他们不受继承的教条、神圣的措辞以及对当前研究预期结果的先入为主的观点的影响。

希望我已经说得够多了，足以让我的听众相信，现代医疗实践的机会和潜力是如此新颖和广阔。一方面，从业者需要更广泛的教育，那么这种教育该如何获得呢？在哈佛医学院以及所有其他优秀的医学院，四年的课程都排满了各种教学和实践练习。在这四年里，学生能做的也就这么多了。毫无疑问，所有的教学都可以无限改进，实验室流程也可以在时间和精力上更节省；但在这几年里，学生完成的工作量不会有显著增加。另一方面，平均提高医学毕业生的年龄是极不合适的。进入医院实习的年轻人已经够大了——实际上，他们太大了，因为谋生的时间被推迟得太久了，结婚和家庭生活也是如此。那么，为了实现对未来绝对不可或缺的医学教育的巨大改进，该转向何处呢？我们必须转向中学和大学阶段，转向

6 岁~21 岁的时期。正是在这里，医生所需的更广泛的教育将得以获得；也正是在这里，需要医生的影响力来改善公共教育的进程。首先，立志从医的年轻人必须充分利用 6 岁~18 岁的在校时光，之后还要读完大学或科研院校；其次，中小学、大学以及科研院校都需要改进，以便让有博物学家头脑的人在其中能有公平的机会。在我国的文法学校和中学，大量时间因重复、复习以及对语法、算术和政治地理的过度强调而被浪费，这些时间必须节省下来。立志从医的人在早期培养中所学的重要学科，如自然科学的基础知识，往往被忽略，这不仅损害了那一类学生，也损害了所有孩子。在一些最好的中学，不合理的时间比例被分配给了外语。最后，中学与大学及科研院校之间缺乏联系，后者的入学要求与前者的毕业要求不匹配。对于目前的这种状况，医疗行业本身也有一定的责任。只要医学院校没有入学要求，它们就认可这样一种观念，即一个在 20 岁之前一直被忽视教育的年轻人，之后可以把从医当作职业，并期望能受到良好的培训。只要美国社会还处于粗陋、初级、探索阶段，那种粗陋的医生就有其立足之地，其中有少数人最终通过实际实践的压力变得能干起来。但是那一天已经过去了，随着它的过去，医学院对中小学教育的态度也应该成为过去。医学界应该坚持在中小学阶段给予植物学、动物学、化学和物理学应有的重视，同时给予英语口语和写作更多的关注。他们应该坚持在大学和科研院校中进一步发展选修制度，以便未来的医生在这些机构中能够热切而深入地学习他所选专业的预备课程，那些天生倾向于观察类学科的年轻人应当有公平的机会发展自己的兴趣。更不用说，增加学校学习内容以及在大学和科研学院中的自由选择权，对所有学生都是有益的，因为所有学生在学校都需要自然科学的学习，以及英语和议论文写作的深入学习。而在高等院校中，所有人都会因摒弃规定课程而受益。医生应当准备好在学校委员会和董事会中任职，以便将他们在这一问题上的意见付诸实践。神职人员长期以来在教育领域占据主导地位。现在医生们是时候参与这一重大的公共事业了。他们应该在各个方面反对这样一种观点，即与那些在日常生活中没有应用价值的学科相比，从那些具有实际应用价值的学科中可以获得更多的培养。他们应该敦促医学院提高自己的入学要求。纽约州最近在这方面取得了重大进展，要求某些学科作为医学教育的前置课程。约翰霍普金斯大学要求医学院的入学者必须获得学位，这为我们所有人树立了一个很好的榜样。哈佛医学院最近宣布，从 1901 年起，将要求入学者拥有艺术、哲学、理学学位或医学学位，这是朝着正确方向迈出的一步。今后，不经过 6 岁~25 岁这段时间的充分准备，年轻人就不足以胜任医疗工作。我们希望这一整个时间段都能得到充分的利用。我们希望这样做是为了医学界本身的荣誉、尊严和实用性。我们也希望这样做是为了合理推进社区可能期望医学界完成的工作。

医学界有着令人向往的实用性和荣誉前景。它为年轻人提供了无私、奉献和英勇服务的最大机会。过去，人们必须上战场才能证明自己的耐力、勇气或在压力和危险下迅速而良好地思考的能力。现在，医生和外科医生所处的领域为这些崇高品质提供了广阔的天地。

过去，只有教堂要求人们耐心、无私、勇敢地服务于同胞。医学界现在高度地展现了这些美德。我们的国家有时似乎想要通过战争（那种愚蠢而可怕的野蛮行为）来寻求除了巨大的自然资源、繁荣的工业和不断扩张的贸易之外的其他伟大成就。和平的追求似乎因为缺乏风险和冒险而变得乏味。但愿它能将其能量和对爱国和英勇情感的渴望，转向卫生、预防医学和比较医学所提供的广阔的有益活动领域！在这些领域中取得的精神和身体上的胜利，将远远高于战争所能提供的任何胜利，因为它们将是建设和保护的胜利，而不是破坏和毁灭的胜利。它们将是善对恶、幸福对苦难的胜利。

大学入学要求中更广泛的选修科目

1896 年 **5** 月

大学入学要求中更广泛的选修科目❶

　　像往常一样，我们首先需要稍微定义一下"大学入学要求中更广泛的选修科目"这个主题。当提到这个主题时，我们指的是哪个地域？如果我们指的是美国，那么选修课的范围已经相当广泛了。以莱兰德·斯坦福大学的入学要求为例，列出了20门性质和范围都各不相同的科目，考生可以从中任选十门。植物学和拉丁语在入学要求中的分量是相等的。密歇根大学的入学要求同样提供了广泛的选择，其众多课程可以通向众多学位。也就是说，对于一个想要申请其众多学位之一的考生来说，有广泛的科目可供选择。如果我们看看更近一些的例子，我们发现在像达特茅斯学院这样保守的教育机构中，提供了三种不同的学位，每种学位都有三种不同的入学要求组合，以及学院内的三种不同课程。我注意到，在上次毕业典礼上，达特茅斯学院颁发了41个传统学位和27个新兴学位。在哈佛大学，多年来我们在入学考试中一直设有相当广泛的选修课，特别是在我们所说的高层次要求方面。因此，需要稍微限制一下我们的主题范围，即我们考虑的是东部和中西部州立大学中更广泛的入学选修课范围，因为西部许多学校的选修课范围已经很广了。

---

❶　本文宣读于 1896 年 3 月 7 日由哈佛教师协会举办的会议上，并发表于 1896 年 5 月出版的《教育评论》杂志。

1870 年以前，在新英格兰和中西部各州，可以说拉丁语、希腊语和数学构成了入学考试科目的全部范围。当然，还有一个附加科目叫作古代史，但它在入学要求和学校课程计划中所占的比重非常小，许多优秀的学校都会在入学考试前五六个星期内，为学生准备这个科目的考试。现在，英语在学校课程和大学入学要求中已经占据了重要地位。令人惊奇的是，直到 1873 年英语才首次出现在哈佛大学的入学要求中，而在此之前它从未获得过任何地位！如今，我们认识到法语和德语在入学要求中已经占有一席之地。在哈佛大学，现代语言并不是取代古代语言，但在像威廉姆斯学院这样保守的教育机构，以及塔夫茨学院，现代语言可以代替希腊语。到目前为止，科学课程的影响仍然微乎其微。我们认为，哈佛大学在科学方面的要求比其他地方更为严格。我们对各学校在达到哈佛大学物理要求方面所取得的迅速进展感到鼓舞，因为目前绝大多数考生选择的是物理实验课程，而非书本课程。然而，当劳校长组织关于新英格兰和中西部各州大学入学要求的六次会议时，他认为没有必要再组织第七次关于科学的会议，因为这一地区的教育机构对科学作为入学要求关注甚少，并且在科学要求的性质上存在严重分歧。

看起来是时候承认，如果不是作为规定科目的话，那么至少作为向大学申请者开放的选修课——历史、科学和现代语言应该得到我们的认可，并且我们应该寻求科学作为入学要求的地位。我对科学被排除在最近纽约的会议之外感到非常遗憾，因为科学是中学课程中最需要改进的科目之一。一门理性的科学课程对学校而言是合理的，因为它为观察、记录和推理提供了实质的训练；对大学而言是合理的，因为它为大学期间进一步学习科学提供了良好的准备，这是非常必要的。

正如我常说的，我本人对大学入学新科目的兴趣并不大，除非这些新科目在实质性和难度上与旧科目相当。在我看来，仅仅因为一门学科较为容易就将其用作高校入学考试的选修科目，这种做法全然不妥。这就是我对许多西方院校入学要求持异议的所在。比如在密歇根大学，他们把一些在学校里的教学质量明显低于旧学科的科目用作入学要求，并且依据这些相对较新的科目招收学生，这些学生所接受的训练比不上那些提供旧学科成绩的学生所接受的训练。我确信，那种方法对我们任何人都没有吸引力。我们想要的是新的选修科目，这些科目在训练和规范方面要和旧科目一样好。

我们有可能获得这样的新选修的科目作为入学要求吗？在我看来，许多在座的各位所属的学校的现代语言教学目前已经达到了这样一个阶段，我们可以公正地说，法语或德语，或者两者的教学，所提供的训练和其他同期进行的任何训练一样扎实、有力且有用。对于现在被提议作为选修要求的其他任何科目，我们能这么说吗？恐怕不能。不过对于历史学科，还是有很大希望的。在短短几个月内，中小学教师和大学教授在历史的地位和作用方面已经取得了很大的进展。在哈佛大学，我们全年都有一个招生要求委员会在工作，该委员会对历史给予了特别关注，并就该科目的在校课程安排达成了共识。在纽约的历史会议上，关于彻底的四年制学校课程，与会者很快达成了协议。因此，我相信，就历史方面的实质性要求达成一致是很有希望的。在科学方面，中小学和学院离这一目标还有更远的距离，但也取得了一些有益的进展。在哈佛大学，我们认为科学入学要求的真正性质已经确定。它应该包括实验实践以及讲座和背诵，考生的原始笔记本应提交给学院或科研院校，作为考生在学校学习该课程的证据。我们还认为，我们已经从校长那里学到了一些有用的东西，这些校长可以就他们的学生的学习和成绩提供有力的证据。我们发现，我们要求教师提供的有关其学生物理训练的陈述是一种有用的证据类型，并且我们倾向于相信，在其他部门也可以同样有效地使用这类证据。

　　因此，我们有理由相信，在那些目前仅对拉丁语、希腊语和数学等旧有要求进行了些许补充的教育机构中，现代语言、历史和科学可能会被添加到现有的入学要求中；在那些已经允许在同等科目中进行选择的教育机构中，这些新科目可能会得到进一步的扩展和发展。

　　基于这个假设，关于使用这些新要求的方式，出现的困难是什么？第一个困难是确定每个要求（无论是新的还是旧的）的适当权重，或者换句话说，是确定每个要求在所有可能组合中的系数。我们如何确定每个科目与其他科目相比的权重？在任何广泛的选修制度中，没有一个人能展示所有科目。他必须展示一部分科目，比如说三分之二或五分之三。因此，每个科目都应该有一个与之相关的估值或系数。每个科目在单个考生的总分中占多少比例？我相信，哈佛大学评估入学科目的方法是非常仔细的，但我们并不自诩有准确的方法来为每个科目分配适当的权重。我们有两个小时的科目和一个小时的科目。也就是说，我们对某些科目的考试时间是其他科目的两倍，在决定录取或拒绝的问题上也具有两倍的权重。即使这种评估是粗略的，我们也可能会发现很难证明其合理性。在包含众多选项的入学考试中，对所有可以呈现的科目进行公正评估的依据应该是什么？

　　这个问题引导我们进行了一项困难的调查。当然，根据每个科目在考试中所花费的时间来给每个科目赋予价值，这并非明智之举。当年轻人不能参加所有开设的科目的考试，甚至在科目范围足够扩大的情况下，连五分之三都参加不了的时候，我们有什么线索可以找到更好的方法来确定这些众多选修课的价值呢？我相信，确定每个科目价值的最佳标准是那些拥有明智学习计划的学校在该科目上所花费的时间。十人委员会调查了美国大约200所顶尖中学所使用的科目数量以及各科目的时间分配。他们发现，在科目选择和时间分配方面存在很大的差异。很难说在这些中学里，对于任何科目，甚至是那些传统的老科目，都有一个被认可的时间分配。不同地区之间，甚至同一地区不同学校之间的时间分配也存在很大差异。那么，如果我们要通过学校的时间分配来评估入学考试中可能出现的必修和选修科目的价值，我们就必须为中学制定某种标准课程。目前，除了十人委员会的临时方案，我不知道有哪些课程方案能满足这一目的。可以说，它们是目前国内研究得最透彻的课程方案，也代表了最多专业人士的共识，这仅仅是因为它们是以下工作的成果：首先，是由90位中小学和大学教师按照学科分成9个不同的会务组进行工作；其次，是由10位有代表性的教师对各会务组的工作进行综合和修订，并仔细参照美国学校的现状。因此，在我看来，这些方案为确定每个学科的时间分配提供了最可行的方法。我们实际上无法研究更广泛的选修科目如何使用，所以如果我在时间分配以及由此产生的每个科目的价值方面稍微详细说明一下，还请您见谅。

我认为，十人委员会选定的科目相当能代表美国优秀的中学。这些科目共有17个。现在，这些科目在时间分配上的差异，并不像那些没有对该领域进行相当广泛调查就参与讨论的人所想象得那么大。在这些方案中，拉丁语占9/40的时间，也就是说，一个按照十人委员会方案中拉丁语课程最多的安排来学习拉丁语的学生，在四年中会将18/80的时间用于学习拉丁语。希腊语的时间较少，但如果一个学生按照十人委员会提供的古典课程，包括注释中的说明，尽可能多地学习希腊语，那么他将在四年中花费14/80的时间来学习希腊语。在十人委员会的不同课程中，英语的时间从11/80到17/80不等。在任何一门课程中，英语所占的时间最多是17/80，只比拉丁语少1/80。代数、几何和三角学加起来有14/80的时间，这与希腊语所占的时间比例相同。德语和法语各有11/80和18/80的时间，也就是说，一个学生如果尽可能多地学习法语或德语，那么法语或德语所分配的时间与拉丁语相同。历史的情况就不太好了，但历史的时间分配仍然是从 9/80 到 14/80，这与希腊语的时间分配大致相同。自然科学科目包括自然地理、植物学、动物学和地质学，但在十人委员会的课程中，学生不能同时学习植物学和动物学，因为这两门课的时间重合。一个学生四年中只能为这个群体分配 9/80 的时间，这与历史中的最低分配相同。最后，物理、化学、天文学和气象学的总时间与历史和自然科学相同，即 9/80。这就是全部科目。你可以看到，粗略浏览了课程计划，时间分配的范围并不像人们想象得那么大。你可以说时间分配的范围是从 9/80 到 18/80，这里需要理解的是，自然科学课程和物理科学课程是分组进行的。因此，基于时间分配，尝试对这些科目及其科目组进行合理的评估，并非毫无希望。如果扩大选修科目范围，那么提出一些其他可能的合理评估依据将非常有用，因为如果能够在入学考试中提出对不同科目进行合理且统一的评估方法，那么这将具有重要意义。我认为，给代数和拉丁语同样的权重是荒谬的，因为学生在四年内分配给代数的时间只有 6/80，而分配给拉丁语的时间却有 18/80。这两个科目不应该有相同的权重，甚至不应该有 1∶2 的比例。同样地，植物学（占 3/80）也不应该与英语（占学生四年时间的 18/80）有相同的权重。在扩大入学选修要求范围时，我们必须避免这种不准确和不公正的情况。

一般来说，在大学或大学前对选修课程的处理中，确定相对价值这一难题是一个需要仔细研究的问题，以便保持学位的公正价值和意义。学位是个人课程结束时获得的证书，这些课程由无数不同的材料组成。在更有限的入学考试中处理选修科目的问题时，除非我们有一种明智的方法来为每个科目分配价值，否则同样的困难也会出现。

现在我来谈谈教师们知道的第一个困难，即入学考试的新科目，以及旧科目的扩展。我指的是确保纸上规定的要求得到统一执行方面的困难。在这方面，新科目比旧科目更难，因为在中小学和大学中，几代教师都受过训练，使用现有的方法和材料来教授拉丁语、希腊语和基础数学，这些方法和材料比新科目有更好的研究和定义，因此有更好的共同工作标准。在过去二十年里，新英格兰在统一执行拉丁语和希腊语要求的标准方面做了大量工作，但我认为我们都会认识到，确保新要求的统一执行将比旧要求更加困难。大学的孤立状况部分地解释了这些困难。二十五年前，新英格兰的大学教师处于极其孤立的状态，他们几乎没有合作交流的机会。而且在每一个院系中，都有一些人多年来一直掌控着各自学科的入学试卷。一个孤立的院系，与其他任何院系或中学交流甚少，在该院系内，多年来一直由一个人出某一特定学科的入学考试试卷，而且很可能还负责批阅答案，而达特茅斯学院的这个人的观点又与耶鲁大学或哈佛大学的相应人员不同，在这种情况下，对于学校教师而言，在执行标准方面必然会面临巨大的困难。通过新英格兰学院与预科学校协会等组织的合作努力，以及通过会议方式，其中一些困难已经得以解决。但是，在成功解决因学院之间的孤立和缺乏合作而导致的这一特殊困难之前，我们在入学要求中对更广泛选修科目的满意运用是无法实现的。去年11月，我向新英格兰学院协会提出建议，即这些学院应组织一个考试委员会，在全国范围内组织入学考试，其认证结果在所有新英格兰学院都应有效，在接受该委员会证书的其他任何地方也应有效，我向与会的学院代表详细介绍了可以遵循的一般方法。这个国家的一些大学已经获得了在美国各地多个地点组织考试的经验，他们证明了执行这种方法在操作上没有任何困难。现在已经有足够的经验表明，一个共同的考试委员会可以非常轻松地在美国两三百个地点组织考试，而且从总体上看，即使每个考生需要支付5美元~10美元的考试费，这也将大大节省了考生的支出。我几乎不认为大学协会会将这个提案视为一个需要认真对待的提案，但它没有被采纳。最近我在教师会议上提出了两三次类似的建议。我在最近纽约市及周边地区学校校长协会的会议上提出了同样的建议，洛校长在会上表示，他对该计划的初步印象是积极的，他很高兴就这一主题进行协商。这是一个鼓舞人心的迹象，因为洛校长是一个有很大影响力的人，特别适合于推动合作项目。因此，我认为我们可能正在推进此种方法的应用，它不必是新英格兰的方法。美国任何6～12所大学或学院组成的团体都可以为整个国家制订这个计划，委员会负责任命试卷出题人和答案阅卷人。每份试卷的准备工作将交给一组人，而非一个人，而且这组人将来自不同的机构。委员会将负责试卷的印制准备和所有行政细节，并确定考试地点。如果六所大学联合起来进行这项工作，它们将不仅使用自己的人，它们将从各种学院和科研院校中挑选考官。考试结果将制成表格，以展示每个人的记录，就像牛津大学和剑桥大学在英国许多中心进行的多次考试的结果一样。每个人的考试结果都可以在该国的任何学院中使用，其价值由该学院自行决定。该计划将丝毫不会干扰中小学或学院的个性。考试将涵盖比大多数学校所能提供的更广泛的学习范围，但任何学校都可以决定自己将专注于哪些科目，任何学院或大学都可以说明它将绝对要求哪些科目，以及允许其考生选择哪些选修科目。当然，未来和过去一样，不同的学院和大学会提出不同的要求。一所学院会比另一所学院要求更多的科目。但是，按科目划分，在书面上的要求将是相同，并将由一个共同的委员会强制执行。我现在之所以谈论这件事，是因为我确信，除非我们从一开始就设想我们会获得一种比这个国家以往任何时候都更统一的执行方法，即使是对旧科目也是如此，否则我们就无法令人满意地处理一套新的入学要求。我认为在座的老师们会明白，这种方法将使他们从许多令人烦恼的限制和个人怪癖中解脱出来，而这些限制和怪癖现在正严重影响着入学考试。

那么，以下是我希望引起你们注意的三个要点：第一，我们可以预见，入学考试的要求在之前的基础上将大幅增加；第二，我们需要一种方法，将新科目与旧科目一样，各自附上合理的评估，以用于入学目的；第三，我们需要一种方法，能够确保新旧要求得到相对一致的执行。

让我再谈谈这件事对学院、大学和国家利益的影响。近年来，我们见证了选修制度在中学的广泛引入。但似乎很少有教师意识到这种引入的程度。人们普遍未能认识到这一现象的一个原因是，"选修制度"这一术语通常并不适用于中学。然而，在美国的中学里，实际上存在着大量的科目或科目组的选择。由这种科目或科目组的选择，我们发现青年男女以不同的方式进入我们的学院。也就是说，在申请大学时，申请者在学校期间实际上已经在不同课程上学习了不同的学科，这在很大程度上是真实的。为了应对这种情况，学院通过设立不同的学位来代表下一个阶段的教育，通常被称为高等教育。因此，我们见证了美国学位的多样化，所有这些学位都代表了大学或科研院校的教育。一些大学使用四个学位，即文学学士、理学学士、哲学学士和文学硕士。许多大学和学院使用这些学位中的两个或三个。在这个过程中，中学和大学都出现了一个严重的问题，因为中学的新课程总体上不如旧的或古典课程。而且，大学和学院的新学位通常代表学生在中学或大学本身，或者有时在这两个地方的成绩较差。终止中学和大学中这些较差的课程是一个重要目标。我们希望保留现在所允许的所有多样性，但我们希望它成为平等事物的多样性，而不是包含一些大科目和许多小科目、一些长期忠实追求的科目和另一些只在短时间内以肤浅的方式追求的科目的多样性。现在较差的课程应该升级了。目前使用的几个学位应该表明大致相等的成就，尽管各不相同，即一种大致统一的教育、训练和规则标准，尽管训练或规则的要素有所不同。

一所城市大学

1896 年 **5** 月

一所城市大学

六年前，在洛校长就职典礼结束前，我冒昧地说，哥伦比亚大学的姊妹大学都热切希望她能为了所有学术和慈善事业的共同利益，获得比她当时所拥有的更多的捐赠，尤其是能拥有与这富有且辉煌的学术中心地位相称的场地和建筑。在我看来，其他教育机构的经验表明，新建筑最好是来自富有、睿智且善意人士的捐赠的。从那天到今天，在这么短的时间内，校长、董事、教师和校友的共同努力与影响，以及洛校长所树立的光辉榜样，都带来了很多成果。今天，我很荣幸地向你们转达姊妹大学的衷心祝贺，祝贺你们获得了这片宽敞的土地、这些高耸的建筑，以及贵校物质和精神资源的增长。对于那些在相对开阔的城镇或城市中拥有数百英亩土地的大学校长们来说，即使是这片高贵的场地，对于那些满怀公益精神、有理由渴望为大学建造建筑的人来说，似乎提供的机会也非常有限。这些为公益事业做出不朽贡献的宝贵机会很快就会被少数幸运儿抓住，他们会在这个关键时刻，既怀有愿望又具备手段，以一种难得的令人愉快且持久的方式为大众服务，这种善举毫无缺陷和瑕疵。

我也要向这座城市表示祝贺，因为它的主要大学将在这里拥有与其知识和精神影响力价值相匹配的环境。没有哪个美国社区能像这座伟大的城

---

❶ 本文宣读于哥伦比亚大学新校区的落成典礼。

市一样，从一所强大且不断进步的大学的存在中获得如此多的益处。这座城市既宏伟又破败，既威严又卑下，既是自由的骄傲，也是自由的耻辱。大学不再仅仅是过去的研究者、当下深沉的观察者，或者是对工作领域的实际斗争和冲突保持安全距离的批评者。它们是现代社会所有基础性、进步性工作的积极参与者。通过言语、纸笔、实验室、图书馆和收藏品、法院、教堂、学校、慈善机构和医院，推动着社会的进步，并帮助开辟前进的道路。哥伦比亚大学在其近期的历史中充分说明了这一真理，它有效地促进了建筑学、教育学、经济学、政治学、社会学、化学、物理学、工程学和生物学的发展，而纽约市和整个国家在这些学科上都拥有不可估量的巨大利益。大学通过对哲学和伦理学的永恒兴趣，以及对神圣和世俗文学及历史的兴趣，扩大并美化了时代在宗教和家庭生活方面的固有观念，并修改了宗教组织中的阻碍性教条和仪式，以及过时的家庭习俗和法律。这项服务至关重要，因为宗教在普遍意义上和家庭情感上，在所有政府和工业变革中，仍然是人类社会中的最高力量。

随着时间的推移，哥伦比亚大学以及所有管理良好的美国大学的影响力肯定会越来越强。我们的自由机构将从它们所培养的大学那里获得巨大的服务。只要公正的情感在广大民众中广泛传播，能够为明智的公共行动提供足够的指导，那么广大民众就可以依靠普遍选举权来做出正确的决定。关于独立、联盟、个人自由和宗教宽容的问题都取决于这些情感，并将由广大民众明智地解决。但是，当公共政策的明智决定取决于对事实的仔细收集、敏锐的辨别力、合理的推理和可靠的预见时，我们的共和国必然很快会像所有其他文明政府已经做的那样，听从那些通过长期学习和观察，在相关事务中成为专家的训练有素之人的建议。货币、税收、教育和公共卫生等问题属于一类公共问题，其圆满解决绝对需要专家的知识和训练有素的判断力，而普遍选举权在这些问题上所能做出的唯一明智决定就是遵从专家意见。公共事务越复杂越困难，对专家管理的需求就越迫切；而很快，任何其他管理都将是灾难性的。现在，所需的专家将在美国大学中接受培训，这些大学（如哥伦比亚大学）在人口稠密的大城市设有设备齐全的学校，为所有学术和科学研究提供服务。

各所大学都希望并期待纽约市民能慷慨解囊，支持哥伦比亚大学。但他们也知道，无论纽约能为大学做多少，哥伦比亚大学都将通过其子民在这里接受的教育，以多种多样的服务，为纽约市和纽约州做出百倍的贡献，教育他们更好地履行对社会的职责。

教育在民主社会中的作用

1897 年 10 月 2 日

教育在民主社会中的作用

在民主社会中，教育的功能应为何，这将取决于民主教育的含义。

我们中的很多人认为，对民众的教育好像就只是意味着学会阅读、写作和算术。现在，阅读、写作和简单的算术仅仅是工具，人们通过勤奋使用这些工具，经过多年正确引导下的努力才能获得合理的教育。它们本身并非目的，而是享受理性生活这一重大目标的手段。在任何文明形式的政府治理下，每个孩子都应当在九岁之前掌握这些技能。有能力的教师或者管理得当的学校，如今会同时教授阅读、写作和拼写，这样孩子都会写读到的每个词，在写作时也会拼写这个词。因此，从一开始，耳朵、眼睛和手就在获取阅读和写作技能的过程中协同工作。至于算术，大多数教育专家已经确信，受过教育的人（除非他是某种计算机）所需使用的算术量其实很小，而且为了掌握一项对孩子或成年人都用处不大的算术技能，而延误或损害真正的教育，是不值得的。因此，读写和算术并不是普及教育的目标。

无论是民主教育还是其他形式的教育，其目标总是在不断前进的竞争者面前逐渐退缩，就像山顶在登山者面前似乎在不断后退一样，每当到达一个看似顶峰的地方，更遥远、更高的顶峰就会相继出现。然而，教育的

---

❶ 本文是在布鲁克林学院发表的演讲，并刊登于 1897 年出版的《展望》杂志。

当前目标始终是获取知识，培养一些持久的生产力或体验力，以及发展个性。民主教育作为世界上一个非常新颖的事物，其可实现的目标尚未完全被人们所认识。柏拉图认为，在模范的共同体中，劳苦阶层不需要任何教育。这似乎是一个伟大的哲学家所持的非凡观点。当我们对此感到惊讶时，让我们回想一下，就在一代人之前，在我们南方的一些州，教劳苦阶层的人读书是犯罪。在封建社会，教育只是贵族和神职人员的一些特权，也是这两个小阶层权力的一个来源。德国的普及教育仅始于拿破仑战争。其目标是培养有智慧的士兵和臣民，而不是幸福的自由人。在英国，公共教育制度的历史仅有 27 年。此外，即使在美国，民主教育的根本目标，即将整个人口提升到更高的智力、品行和幸福水平，也尚未被完全理解。我们自己的许多人认为普及教育仅仅是防范迷信威胁的保护措施，或是一项治安手段，或是一种提高国家在艺术和贸易方面生产力的途径。因此，如果我们这一代人对民主教育的目标只有不完全的认识，或许是可以原谅的。

接下来，我将简要描述民主学校中教育和纪律的主要要素。一旦掌握并能轻松运用我称为教育工具的东西，甚至在这个熟悉的过程中，就应该开始通过逐步获得对外部世界的基本认识来培养生产能力和幸福能力。民主学校应该尽早（在第一年级就开始）研究自然，其所有教师都应该能够教授物理地理学、气象学、植物学和动物学的基础知识，这些知识在孩子心中形成了一幅复杂环境的和谐草图。这是我们父辈从未想过的小学教师的职责，但每年都在越来越清楚地表明，这是每位小学教师的首要职责。在孩子走向成熟过程中的稍晚时候，化学和物理这两门重要的科学将在其系统训练课程中占有一席之地。根据孩子的素质和能力，从 7 岁或 8 岁开始，平面几何和立体几何，即形态科学，应当在学校课程中占有一席之地，并且在连续的六七年中应当吸引孩子的部分注意力。通过这些不同科学的基础知识来了解外部自然的过程，对每个孩子来说都应当是有趣和令人愉快的。它不应是痛苦的，而应是令人愉悦的，并且在整个过程中，孩子在阅读、写作和算术方面的技能应当得到稳步发展。

每个孩子所处环境中还有他应当尽早开始熟悉的另一部分，那就是人的部分。从孩子开始愉快阅读时起，人类的故事就应当逐渐传递到他的脑海中。这个故事应当通过传记和历史同样多地传递给他，在对事实和真实事件的描述中，应当交织着迷人且振奋人心的想象作品。然而，我不禁认为，完全适合儿童理想的想象文学在很大程度上仍有待创作。我们习惯于用来滋养儿童心灵的神话、《旧约》故事、童话故事和历史传奇包含了大量乖戾、野蛮或琐碎的内容，一代又一代的孩子的心灵受到这种不良、残忍或愚蠢观念的渗透，这可能在一定程度上导致了人类在道德方面进展缓慢。我们这样做的普遍理由是，孩子们还无法理解我们如此鲁莽地向他们灌输的思想图像中的邪恶。但是，我们应该如何看待一位母亲，她基于孩子不会吸收污垢的理论，给孩子喝变质的牛奶或粥呢？我们对精神和道德食粮的选择是否应该更加谨慎呢？然而，试图只靠观察或记录的事实来滋养孩子的思想，既不可取也不可能。艺术和文学中丰富的想象力产物是一个具体的事实，每个受过教育的人都应该对其有所了解，因为这些产物是每个人实际环境的一个非常真实的部分。

在大多数孩子的教育中，他们为家庭或农场（至少是家庭）的日常劳动做出贡献是教育的一个重要组成部分。人口迅速向城市和城镇集中，以及现代工业的特征——劳动分工的精细化，所带来的一个严重后果是，这种有益的教育形式比过去人口主要从事农业生产时更难得到保障。因此，有组织的教育必须在城市社区中提供大量的手工和道德教育，这些教育在农业社区中是由孩子们与父母一起工作而获得的。因此，在任何城市人口中，都非常有必要为儿童提供设施，让他们能够进行精确的手工艺劳动，并教会他们在生产劳动中保持耐心、深思熟虑和良好的判断力。最后，通过言传身教和阅读所能提供的所有例证，学校应当让每个孩子都明白，个人的最高成就是活力和可爱的性格。勤奋、坚毅、言行诚实、温和以及无私，在那些从家中带来这些美德的孩子们心中茁壮成长，也应在那些不幸的孩子心中生根发芽。此外，应当教导学生，一个人身上的美德在任何人群中，无论大小，无论是一个村庄、一座城市还是一个国家，都是美德；治理一个帝国应当遵循的道德原则，与治理一个个人应当遵循的原则完全相同；自私、贪婪、虚伪、残暴和凶残，在众多人身上与在单个野蛮人身上一样令人厌恶和可耻。

如此勾勒出的教育，正是我所认为的民主教育应有的含义。当今，它只存在于最聪慧的人群之中，或者是在学校组织方面极为幸运的地方，尽管这是民主教育稍显遥远的理想，但绝非无法实现的理想。在一个有思想、有抱负的民主社会中，这是公立学校合理的目标。当然，这需要一种远远高于当今小学教师水平的教师，也需要对公立学校进行比我国目前习惯的更多的支出。但是，如果民主制度要繁荣发展，并持续增进广大民众的真正福祉，就迫切需要这种更优秀的教师和更多的投入。教育标准不应设定在目前已经达到或能够达到的水平。公共教育的特权在于向遥远的目标迈进。

在整个童年时期的训练中，应该培养孩子有趣且有益的阅读兴趣，这种兴趣应该引导并激发其后续的智力生活。培养出良好阅读兴趣的学校教育，无论其多么不系或古怪，都实现了初等教育的一个主要目标，而未能培养出这种持久兴趣的学校教育则是失败的。在通过阅读获取知识和发挥想象力这一冲动的引导和激励下，个人将在一生中不断进行自我教育。没有这种根深蒂固的冲动，他很快就会停止汲取过去积累的智慧和当下的新资源，而且随着年龄的增长，他将生活在一个越来越稀薄和空虚的精神氛围中。我们难道不认识许多似乎生活在精神真空中的人吗？事实上，我们很难把不朽归于他们，因为他们除了肉体之外似乎几乎没有生命。每天15分钟的良好阅读就能让这群人中的任何一个人过上真正的人类生活。民主大众素质的提升取决于在学校中培养对良好阅读的热爱。

在民主社会中，公立学校的另一个重要功能是发现和培养每个孩子的天赋或能力。这种发现应该尽早进行，一旦发现，就应该始终影响，有时甚至决定个人的发展。为了社会的利益，最大限度地利用任何成员可能幸运地拥有的每一种有用的天赋或能力。而流畅且灵活的民主社会的主要优势之一是，它比其他任何社会都更有可能确保个人能力的实现。最大限度地发挥任何人的特殊能力的前提是要尽早发现它，然后不断且勤奋地训练它。如果被发现、训练和应用，即使是看似很小的个人天赋也可能成为显著能力或成就的手段。敏锐的色彩辨别能力使铁匠在为采石工人磨钻头时能够获得双倍的工资；敏锐的触觉使羊毛采购商发财；一个异常敏锐的食指使外科医生在所有竞争对手中占据优势；一个声音优美、口齿清晰、对人脸和议会规则记忆力强的人，可能会让一个在其他方面并不出众的人取得显著的政治成功。在理想的民主学校中，除了所有学生都需要学习使用教育的基本工具——阅读、写作和算术外，没有两个孩子会遵循相同的学习课程或拥有相同的任务。不同的孩子几乎不会有完全相同的需求。可能每个学科都有一个最低达标标准，但没有最高标准。对个人天赋或能力的感知或发现通常在小学阶段就能实现，更普遍的是在初中阶段，而这些发现应该被视为教师工作中最重要的部分之一。在民主学校中，对平等的模糊渴望造成了极大的危害。在孩子或成年人中，没有天赋、能力或才能的平等这回事。相反，存在着极大的多样性，教育和生活的所有经历都在增加这些多样性，因为学校、谋生方式以及个人对其周围环境的反应都强烈地放大了先天的多样性。打着民主旗号的学校，如果其课程僵化不变，那么它不仅是在与自然作对，而且是在与民主社会的利益作对。课程的灵活性应该从小学开始，要早于中学教育阶段。到 10 岁时，应当有一些学科选择，到 15 岁时，选择应当更多样化。小学和中学的课程应当合理地涵盖知识的主要分支，即语言与文学、数学、自然科学和历史，此外还有绘画、手工劳动和音乐。如果学校的课程未能体现智力活动的主要种类，就无法为发现学生的个人天赋和倾向提供途径。

成功的民主教育的成果，在任何孩子因要帮忙养家而不得不离开学校之前，应当在所有孩子的头脑中牢固确立某些思维习惯。每个孩子在某个小领域应当具备精确观察的能力，应当在所有领域都钦佩和尊重精确观察。同样，在某个小领域，孩子应当具备精确描述的能力，并尊重所有领域的精确描述。最后，在其经验和观察的有限范围内，应当具备从观察到的事实中得出恰当有限推论的能力。更不必说，这种公正推论的能力是令人钦佩的，许多成年人即便将童年教育和之后的生活经验相结合，也未能获得这种能力。除非绝大多数民众不仅能准确观察、精确陈述观察结果，还能从这些结果中得出公正的推论，否则民主制度就不会安全。只要学校未能教导民众区分真正的原因与先于或伴随假定结果出现的事件，民众就总是容易陷入危险的错觉。因此，一年前，我们的国家险些陷入一场可怕的灾难，因为数百万民众认为过去 20 年来白银价格的下跌是许多其他美国产品价格下跌的原因。然而，包括白银价格在内的普遍价格下跌的主要原因是内战以来在机械动力的制造和分配方面取得的巨大进步，这一运行原因在不久的将来会产生比迄今更为显著的影响。

任何一个具备精确观察和精确描述能力，并知道如何从确定的前提中得出正确推论的人，在看到他人在他所未知的领域展示这些能力时，自然会对这些能力表示尊重。而且，任何已经学会如何艰难地确定一个事实、如何准确地陈述它，以及如何从中得出公正的有限推断的人，都一定会确信，除了在一个非常有限的领域之外，他自己也做不到这些。他会知道，如果他在任何方面的能力要真正出色，他个人的活动就必须局限于少数几个主题。他会确信，那种认为美国人什么都能做的常见想法是一种有害的错觉。由于他所受的教育，他对世界事务中所需的广泛知识和能力有了一定的认识，他会尊重他所看到的其他人展现出的多种多样的、训练有素的能力。简言之，他会开始尊重并信任人类活动各个领域的专家。对专家的信任，愿意雇用他们并遵循他们的决定，是受过教育的个人或受过教育的群体具备智慧的最佳标志之一。在任何要繁荣发展的民主国家中，大多数民众都必须强烈地感受到这种尊重和信任。在美国，无论是私人事务还是公司业务，雇用专家都被公认为是唯一合理且成功的方法。没有人会在不绝对依赖明智专家建议的情况下就去建造一座桥梁或水坝，或是建立一个发电站或棉纺厂。在政府事务中，无论是市政、州还是国家层面，民主制度都必须学会雇用专家并遵循他们的决定。像税收、财政和公共工程这样复杂的事务，是无法由民众大会或其委员会，或是对这些极难课题毫无特别了解的行政官员明智地管理的。美国过去20年的经验表明，民众大会已完全无法明智地处理这些重大事务中的任何一个。立法机构或国会可以通过立法表明其希望实现的目标，但在税收、货币、金融或公共工程方面设计实现这些目标的方法，以及使用由法定机构为这些目标划拨的资金，必须是专家的职责。在美国的地方代表制度下，立法者和行政官员更替频繁，很少有人能在立法或管理方面获得值得称为经验的东西，而那些长期任职的人则往往忙于政府的日常工作和党派利益的管理，以至于他们没有时间进行彻底的研究或发明。在目前的条件下，不能合理地期望他们具备专业知识或领导智慧。除非人口稠密地区的人民认识到政府事务必须按照与成功的私人企业和公司企业相同的原则进行，否则民主将不安全。因此，民主教育的主要目标之一应该是培养儿童的思想，以便他们在成年后能够根据自己的经验，对政府、工业和社会活动各个领域的专家成就表示尊重，并对他们的建议表示信任。

在民主社会中，教育的下一个功能应该是在每个孩子的心中牢固地树立民主社会理论的一些基本真理。这些真理中的第一条是，每个人类个体无时无刻都极度依赖其他个体，不仅在婴儿时期，而是在生命的每一刻都是如此，这种依赖随着文明的进步和城市生活的发展与日俱增。在学校生活中，可以让孩子们清楚且强烈地意识到人类之间的这种相互依存关系，使他们永远不会忘记。仅仅通过教导孩子们理解食物、饮料、衣物以及获取光和热的方式从何而来，这些物资是如何通过分散在世界各地的众多不同种族的许多人的劳动供应的，学校就可以阐释并强化这种错综复杂的相互依存理论，这实际上是现代民主的基础，没有比这两句基督教箴言更清晰地表达这种教义的了："没有人是为自己而活"以及"我们都是彼此的一部分"。每个家庭，实际上每个人，对机械师、供应商、铁路员工、厨师和护士习惯性的忠诚的依赖，都能很容易地让孩子们明白这种情感。灌输这种情感的另一种方式是在历史中追溯当代人对许多前人的义务。这些义务在物质方面很容易指出，比如公路、自来水厂、围栏、房屋和谷仓，至少在新英格兰，还有先辈们在家庭农场耐心劳作下从耕地中收集的成堆石块或用石块建成的石墙。但是，也可以向中学生，以及在一定程度上向小学生展示，展示前辈们为了建立言论自由、思想自由、宗教宽容以及发展公共正义机构所承受的负担和苦难。当然，历史上充斥着违反这一基本民主互助原则的例子。事实上，通常撰写的历史主要就是关于这一原则被严重违反的故事，比如战争和压迫，以及阶级与阶级之间、教会与教会之间、国家与国家之间的自私斗争。但是，这些违反行为以及随之而来的可怕苦难，可以用来指出并强调这一基本原则的真实性，除非我们的公立学校历史教学能做到这一点，否则最好不要教授这一科目。

民主教育还应向每个孩子灌输民主社会的基本统一性，尽管组成社会的个体在功能、能力和成就上存在着无尽的差异。这一原则与刚才提到的原则有相似之处，但并不完全相同。它是实现广泛民主满足感和自尊心的必要条件，却与通常认为的作为民主结果的地位平等的概念有很大的不同，因为统一性是可以实现的，而地位平等则是不自然且无法实现的。民主国家的特点在于其自由和社会流动性，这些特点允许甚至导致了显著的社会地位不平等，如果民主社会的表面在某一天被抹平，那么除非个人自由和社会流动性被摧毁，否则不平等现象将在第二天重新出现。因此，民主社会的孩子应该在学校里得到最明确、最生动的教育，让他们明白社会地位的不平等是自由带来的必然结果，但所有不平等现象中都应该流淌着目标和精神上的基本统一感。这种自由中的统一是民主的社会目标，是社会各阶层至高无上的善，对最高阶层和最低阶层都同样重要。

民主国家应该向所有孩子传授的另一个道德原则是为他人服务是自己获得满足感和幸福感的最可靠来源。这是所有社会阶层和在当前条件下个人幸福的根源，在民主国家中，它对公共幸福和福祉也至关重要。在民主国家中，公职人员不是主人，而是受信任的服务者。他们通过卓越的服务不仅获得金钱上的回报，还赢得尊重和感激。这句话同样适用于邮递员、消防员或乡村选举人，也适用于高中教师、法官或州长。民主国家字面上遵循着这样的教诲："你们中间谁愿为大，就必作你们的仆人。"这种忠诚服务的品质和其回报应该在学校里认真传授给民主国家的所有孩子。孩子们应该明白，渴望为公众做出巨大贡献是所有抱负中最高的。他们应该通过传记和历史了解到，那些作为殉道者、教师、发明家、立法者和法官，为人类做出巨大贡献的人们，从而获得了持久的感激和荣誉。

由于促进广大民众的幸福和福祉是民主的一个基本目标，民主学校应当明确教导孩子们去发现并利用身边的幸福之道,这些幸福就存在于大自然的美丽与壮丽之中。学校应当是日常欢乐的载体,教师应当成为孩子欢乐的使者。民主社会自身已经学会如何至少在更有智慧的社会中,如城市里的开阔场地、郊区的公园,通过这些方式开始直接为民众提供有益的娱乐。教导孩子及其家长如何利用一切可获取的无害娱乐方式,这应当是民主学校公认的一项职能。

最后,民主学校必须教导其学生民主的高贵品质是什么。训练有素的孩子会在历史和诗歌中读到贵族、领主、王子、国王和皇帝,其中一些人确实高贵,许多人却卑劣;他还会怀着钦佩和同情之心读到,数百年来,地位较为卑微的慷慨之士对地位较高者所怀有的忠诚和奉献之情。他会看到,即便忠诚的对象不值得,这些个人的忠诚也培养出了巨大的美德。他会问自己:"在民主制度中,相应的美德是什么?"答案是:忠诚于所有需要勇气、自我牺牲和热情的责任,以及对民主理想的忠诚奉献,这些理想包括自由、服务精神、团结、宽容、公共正义和公共欢乐。孩子们应当了解民主的高尚品质是存在的,而且如果民主要造就最高类型的人格,它就必然存在,它将只由具有高尚品格的男女造就,而这些男女的高尚品格是在民主环境中,在优良的遗传品质、精心的教育和丰富的经验的共同影响下造就的。孩子们应当学会钦佩和尊重具有这种品质的人,并在某些时候优先支持他们,而非卑鄙之人。他们应该明白,单纯的财富并不能成为民主贵族的通行证,要想成为民主贵族的一员,只能将健全的精神和道德品质(这是成为民主贵族的唯一保证)传承给子女。成为民主贵族的一员应该是父母对子女的正当期望,也是子女对未来的自我期望。每一个真正有高尚品质的人,无论其身份或职业如何,都有权成为这种单纯的民主贵族的一员,家庭、教会和学校共同致力于招募这样的人。因此,在民主政体下,真正的贵族比其他的都要多。